風船会計

知識ゼロでも分かる

メソッド

松本めぐみ
MATSUMOTO MEGUMI

幻冬舎 MC

はじめに

　なぜこんなにも分かりにくいんだろう……。

　これは私が会計を学び始めたときに感じたことです。私は埼玉県にある金属加工メーカーの社長と結婚し、2015年に取締役に就任しました。外資系半導体装置メーカーでエンジニアとして勤務した経験しかなかったにもかかわらず任された仕事は経理部門で、数字や専門用語ばかりが並んだ決算書を初めて見たときの絶望感は今でも忘れません。会計を理解するために書籍を何十冊も読破したり会計セミナーに参加したりと、莫大な時間と労力を費やしました。そしてようやく決算書は単なる記録ではなく、読み解くことで会社の強みや問題点、経営改善すべき点などが見えてくるものだと分かったのです。さらに、会計は会社や組織の進むべき道を教えてくれる「宝の地図」だと確信しました。

　会計を理解すれば経営視点をもつことができる、そして社員一人ひとりが経営視点をもつことができれば、それぞれの業務の位置づけや役割が分かり、無駄の削減や売上増加につなげることができる。そのことに気づいた私は、次第に社員たちに会計を教えたいと思うようになりました。しかし、自分と同じようにつらい思いをさせて勉強させたくはありません。

　どうすれば分かりやすく短時間で会計の「本質」を理解してもらえるだろうかと悩み、紆余曲折の末に自ら編み出したのが本書で紹介する「風船会計メソッド」です。

　風船会計メソッドでは、売上を風船に置き換えたり貸借対照表を豚の貯金箱に置き換えたりして、会計上の数字を単なるデータではなくビジュアルで表します。難しい計算式や専門用語を覚える必要はありません。自分の会社はどこに強みや弱みがあるのか、他社と比べてどうなのかが決算書を見ただけで理解でき、会計知識のない社員でも問題点や経営改善すべき点などが一目で分かるようになるのです。

　さらに、役職や所属部署によって会社や組織を見る視点が違うため社員同士で伝えたいことがなかなか伝わらないというのは多くの企業で課題に感じていることだと思いますが、それを解決できるのがこのメソッドです。立場や仕事内容が違っても風船会計メソッドという共通言語を社員全員がもっていることで、「会社」という船に乗る社員一人ひとりがお互いを信頼し合いながら同じ

目的地に向かって突き進むことができるのです。

　風船会計メソッドによって会計の読み解き方が分かり、役職や所属部署に関係なく社員全員が同じ「宝の地図」を見ながら同じ方向に向かう手助けができれば、これ以上うれしいことはありません。

もくじ 知識ゼロでも分かる 風船会計メソッド

0章 会計を俯瞰で見る「風船会計メソッド」【入門】

1章 貸借対照表と豚の貯金箱【貸借対照表】

2章 現金とお化け【運転資金】

3章 損益計算書と風船【損益計算書】

4章 キャッシュ・フロー計算書と豚の顔 【キャッシュ・フロー計算書】

5章 会社と風船会計メソッド【まとめ】

0章 会計を俯瞰で見る

分かりにくい「会計」を「風船」

損益計算書

貸借対照表

キャッシュフロー計算書

「風船会計メソッド」【入門】
と「豚の貯金箱」に例える！

会計はとても大切。でも非常に分かりにくい

1 企業活動に欠かせない「会計」とは？

会計とは、「会社におけるお金の出入りを記録し、説明すること」を指します。その会計業務に使われる主な書類は次のとおりです。

会計業務に使われる主な書類

主要簿　会社の取引全体を体系的に記録・計算する帳簿。「仕訳帳」「総勘定元帳」などがある。

補助簿　補助的な役割を担う帳簿。「現金出納帳」「当座預金出納帳」「小口現金出納帳」などがある。

これらの帳簿によって、会社のお金の出入りを日々整理したのちに、年1回、会社のお金を総まとめする「決算」がやってきます。そのときに作成するのが「財務諸表（決算書）」です。そのなかでも特に重要な3つの書類を「財務三表」といいます。

決算時に作成する「財務三表」

貸借対照表　企業が保有する財産（資産や負債）の状況を示す書類。

損益計算書　その会計期間での損益の状況を示す書類。

キャッシュ・フロー計算書　その会計期間でのお金の流れを示す書類。

---

② 初手でつまずきやすい「会計」「財務」

　ここまでの話で、正直「よく分からない」「難しい」と思いませんか？　そう、会計や財務は大切なものですが、非常に分かりにくいのです。

「企業会計を学び、会社の経営や自分の業務に活かそう！」と意気込んで、企業会計の本を手に取っても、その先にまったく進めないというのが、会計初心者の正直な気持ちだと思います。

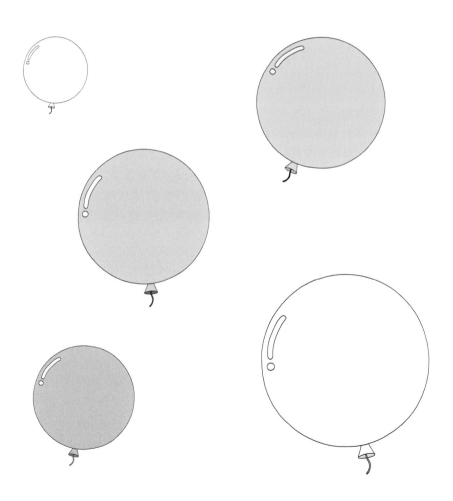

Chapter 2 なぜ会計を「風船と 豚の貯金箱」に例えるのか？

❶ 財務諸表を読めば、仕事も立体的に見える

　企業経営のなかで、会計や財務は非常に大切な要素です。なぜなら、さまざまな数字は「今会社として何をすべきか」を示してくれるからです。

　財務諸表が読めるようになると、仕事が立体的に見えてくるようになります。例えば、上司から売上目標100万円と言われたときに、単にその100万円を点で捉えるのではなく、100万円という金額がどんな意味をもっているのか、達成できた場合、できなかった場合にそれぞれどんなインパクトがあるのかなど、背景もストーリーで理解することができます。

　そこで取り入れてほしいのが、私が考案した「風船会計メソッド」です。

　貸借対照表を豚の貯金箱に置き換えました。なぜなら、貸借対照表は会社の資産が書かれているからです。貯めてきた資産（まるで、豚の貯金箱におこづかいを貯めたような）を表しています。そして、後述しますが損益計算書を「風船」に、キャッシュフロー計算書は豚の貯金箱の頭に置き換えます。

❷ 例えることで、右脳をフル回転させる

　なぜ、あえて風船や豚の貯金箱に例えるのかというと、それには2つの理由があります。1つは、右脳の力をフルに使えるようにするためです。

　普段、会計帳簿にあるような数字を読んでいるのは左脳です。この左脳が一度に把握できる情報量は、A4用紙2枚程度だといわれています。すなわち、思ったよりも処理できる量が少ないのです。

　一方、左脳よりも記憶力や状況把握に優れているのが右脳です。その記憶力は左脳の何倍以上もあるといわれていて、膨大な量の情報を高速でインプットすることができます。右脳は数字ではなく、絵やイメージで覚えていきます。

　2つ目の理由は、心理的安全性を確保するためです。私は経営をしていく

なかで「人は正論では動かず、数字を正論として突き付けられると、怖くなる局面が多い。また、人は正しいところではなく楽しいところに集まり、心理的安全性が保たれている環境で良いパフォーマンスを出せる」ということを学びました。

　つまり財務諸表を豚の貯金箱と風船に例えれば、誰でも右脳を使って簡単に理解でき、数字を豚の貯金箱と風船に置き換えることで、組織に心理的安全性を保たせることができます。

　「風船会計」さえマスターすれば、「数字嫌い」ともおさらばできるのです。

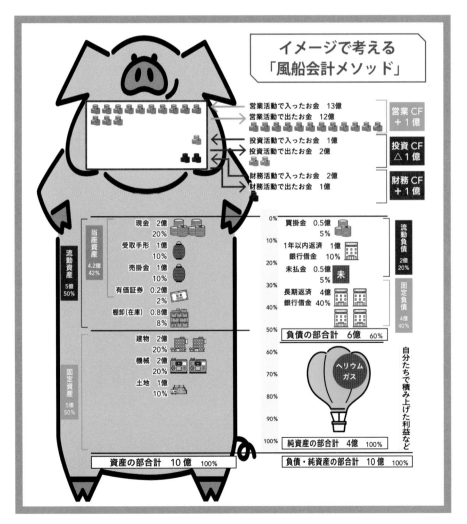

3匹の子豚カフェ、オープン！

🏠 カフェを開いた「子豚」の3兄弟

　東京都M区のタワーマンションに住む3匹の「子豚」がいました。彼らは大学に在学中の22歳（長男）、21歳（次男）、20歳（三男）。何不自由なく暮らしていたあるとき、両親の経営する会社が倒産！ 彼らは自立して生活をしなければならなくなりました。唯一の救いは、両親が地元にいくつかの土地をもっていたことです。

　そこで、子豚たちは大学を中退して両親の地元に帰り、マンションを売って得たお金を1000万円ずつ分けて、それぞれの貯金を加えて自己資金とし、カフェをオープンしました。

　長男子豚は、貯金をすべて友人の借金の肩代わりに使っていました。そのため、ほとんどお金をかけずに「わらの家カフェ」をつくりました。

　次男子豚はそこそこ貯金があったので、少しお金をかけた「木の家カフェ」をつくりました。そして、三男子豚は堅実に貯金をしていたので、しっかりとした造りの「レンガの家カフェ」をつくりました。

　3匹は仲良し兄弟ですが、その性格やカフェの経営方針はまるで違います。さて、彼らは無事にそれぞれのカフェを経営していけるのでしょうか？

3匹の子豚カフェ

長男（22歳）　わらの家カフェ

次男（21歳）　木の家カフェ

三男（20歳）　レンガの家カフェ

🏠 3匹の子豚カフェは順調に成長するのか？

　次のページから、難しい会計を簡単に捉える方法を紹介していきます。同時にこのコラムでは、学んだことを踏まえて、長男のわらの家カフェ、次男の木の家カフェ、三男のレンガの家カフェを「風船会計メソッド」の視点から見ていきます。

　どんな企業やお店でも、運営を続けていけば、良い点、悪い点が見えてきますし、良いとき、悪いときが必ずやってきます。会計を知ると、良い点、悪い点、良いとき、悪いときがなぜ良いのか、なぜ悪いのかという部分が明確になってきます。理由が明確になれば、その対策や準備をすることもできるようになります。

　3匹の子豚と一緒に、「風船会計メソッド」に触れることで、成長につながるツールを手に入れましょう！

貸借対照表と
豚の貯金箱

【貸借対照表】

Chapter 1 貸借対照表は「豚の貯金箱」

① 貸借対照表を分かりやすく図式化

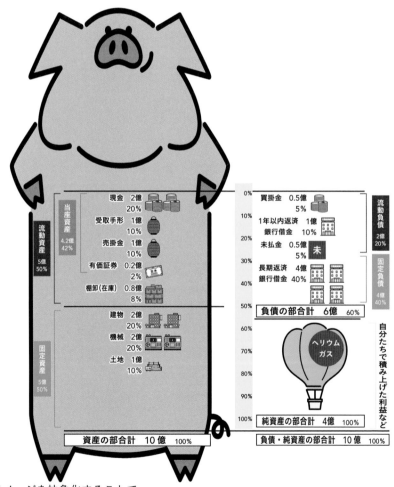

イメージを抽象化することで
右脳を機能させる。

② 資産・負債・純資産を見るための貸借対照表

どんな会社も企業活動の結果として、お金や有価証券、不動産などをもっています。なかには借金などマイナスのものもあるでしょう。貸借対照表にはその結果がしっかりと反映されていますが、数字だけ見てもよく分かりません。

例えるなら、貸借対照表は「豚の貯金箱」。普段は中身がよく見えないけれど、ある日思い切って「貯金箱の中身を見てみよう！」と割ってみたら、中身が一目瞭然になります。

豚の貯金箱を頭の中でイメージしてみてください。貯金箱はお金を貯めるものですよね？ 貸借対照表には、会社を創業して10年なら、10年かけて積み上げてきた資産から、使った資産が引かれ、今残っている資産がすべて書かれています。

③ まずは「豚の貯金箱」を割ってみる

貸借対照表は、理解して分析できるようになればすごく面白いのですが、私自身それが本当に苦手でした。一つひとつの科目が何を表しているかは理解できますが、点でしか理解していなかったので、「これを見て何をどう手を打っていけばいいの？」と思っていました。

会計セミナーや経営分析セミナーにもたくさん参加しましたが、多くの公式に自社の決算書数字を当てはめていくものでした。そのときは分かった気になっても自社に戻って実践に活かせなかったのです。

そこでこの第1章では、貸借対照表の「読み解き方」を簡単にお伝えします。難しい専門用語は最低限におさえ、会計初心者でも無理なく理解できるように意識しました。

まずは、勇気を出してあなたの会社の「豚の貯金箱」を割ってみましょう！

Chapter 2

豚の貸借対照表を大解剖！

ここに描いてあるのは…
「キャッシュ・フロー」

豚の頭には本業の営業活動による「営業キャッシュ・フロー」、資産の取得や有価証券の購入など、投資活動による「投資キャッシュ・フロー」、借入金や社債の発行、資金調達など、財務活動による「財務キャッシュ・フロー」が書かれている。詳しくはP.74で解説。

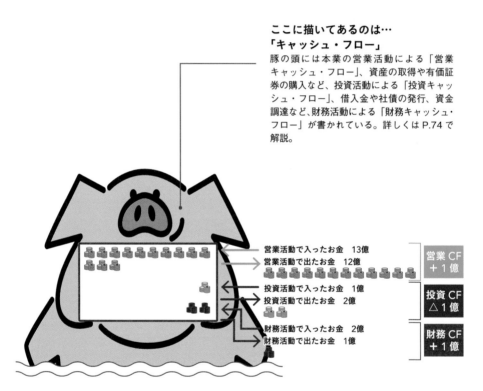

営業活動で入ったお金　13億
営業活動で出たお金　12億

投資活動で入ったお金　1億
投資活動で出たお金　2億

財務活動で入ったお金　2億
財務活動で出たお金　1億

営業 CF
＋1億

投資 CF
△1億

財務 CF
＋1億

大きく見て、豚の胴体の中には資産が描かれている（豚の貯金箱の中だから）。

ここに描いてあるのは…「流動資産」

豚の口からお金を入れたり出したりするイメージをしてほしい。豚の上半身は流動資産といって、1年以内に現金化する"であろう"資産が書かれている。口に一番近いところから順番に現金化しやすいものが描かれている（だから現金が一番上にある）。

ここに描いてあるのは…
「流動負債・固定負債」

会社が借りているお金がいくらあるかが記されている。「流動負債」は原則1年以内に支払期限が来る債務、「固定負債」は支払期限が1年よりもあとに来る債務を指す。

豚の胴体の右側にも絵があるが、この右側は資産ではない。豚の貯金箱の中にある資産を築くために「どのようにお金を調達してきたか？」の手段が描かれている。

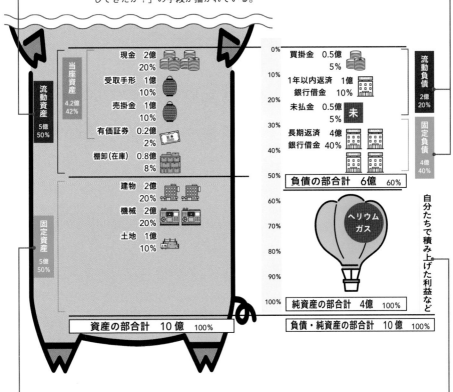

ここに描いてあるのは…「固定資産」

会社が長期間にわたって保有するものや、1年を超えて現金化・費用化される資産のこと。土地や建物など形のある「有形資産」と、特許権や営業権など形のない「無形資産」がある。
※今回は解説しないが、開業費や株式発行費などの「繰延資産」もここに含まれる。

ここに描いてあるのは…
「自己資本（純資産）」

創業して毎年積み上げてきた純利益が記されている。豚がコツコツ働いて積み上げた利益。あとは会社をつくったときや増資を行ったときに得た資本金。

Chapter 3 いろいろな種類がある資産

① 資産って何だろう

　豚の貸借対照表で多く出てくる「資産」には、実はいろいろな種類があります。

　まず流動資産に含まれるのは、現金や売掛金、受取手形などです。現金は最も万能で、どんなときでも商品やサービスを購入でき、会社の預貯金にもなります。一方、売掛金や受取手形は、条件を満たせば現金化できる資産です。よって「いつ現金化できるのか」がポイントになります。詳しくはP.42（お化けのページ）で解説しています。

　次に固定資産に含まれるのは、不動産や機械などです。投資をして、建物を建てたり機械を設置したりして、利益を生み出す源になります。

　風船会計の貸借対照表では、流動資産が豚の「上半身」、固定資産が豚の「下半身」になります。1年以内に現金化する"かるーい"ものは上半身（流動資産）、1年以内に現金化しない"おもーい"ものは下半身（固定資産）。このバランスも要チェック！　詳しくはP.26（「左タテ」のページ）で解説しています。

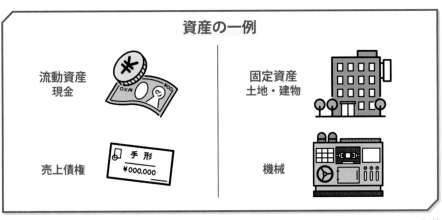

資産の一例

流動資産
現金

売上債権

固定資産
土地・建物

機械

……など

② フレーズで記憶を呼び起こす

　会計知識も経営分析も記憶に残していなければ意味がないことを、風船会計を編み出す前の私自身痛感しました。会計や財務に関するたくさんの書籍を読んだし、セミナーにも参加しましたが、1週間後には忘れてしまったり、忘れず理解できても、それを社内に持ち帰って、社員に伝え、みんなを一つの方向に向かわせたりすることが非常に難しい。数字の羅列だけでは見向きもしてもらえませんでした。

　ただ、会計はみんなをゴールに向かわせるための「宝の地図」になることは確信していましたので、自分自身や従業員の頭の中にも定着させておく方法を模索しました。

　そして、記憶に大切なのは①ストーリー、②場所、③イメージです。

①豚の貯金箱がどんな風船(損益計算書)を膨らませるストーリーなのか。
②場所は、豚の貯金箱の"中"には資産を(実際にもっている資産だから)。
豚の貯金箱から外には"お金の調達方法"を(調達してきた"方法"だから貯金箱の中には書いていません)。
③イメージで記憶に定着させます。

　風船会計はとにかく難しいことは考えない！ 豚の貯金箱分析に必要なのはタテ（右）・タテ（左）・ヨコ（下）・ヨコ（上）です。このフレーズが、記憶を呼び起こす手がかりになってくれます。

1章　貸借対照表と豚の貯金箱【貸借対照表】

❶「右タテ」に書かれている項目

　まずは、豚の貸借対照表の右側を縦方向に読んでいきましょう。通称「右タテ」です。この「右タテ」で書かれていることは2つです。

　まず下には、創業から今までコツコツと貯めてきた"税引き後の利益"や出資した金額が書かれています。これを「自己資本（純資産）」といい、豚の貸借対照表では「気球」に当たる部分です（気球の絵を使っている理由はP.60で後述）。

　先ほども述べましたが、創業して今まで貯まった（税引き後）利益が積み上がっています。まだ社歴が浅い会社は、ここがまだ貯まっていなくて当然なので安心してください。注意してほしいのが、この金額分お金があるわけではないということです。「純資産」と書かれているので、この金額分お金があるように感じますが、違います。

　そして、上に書かれているのが負債です。ここは返していかなければならない金額です。

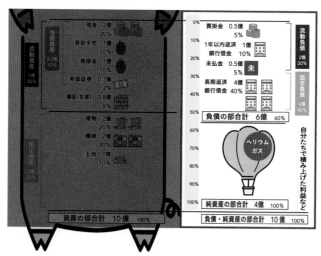

② 「自己資本比率」の導き出し方

経営分析において大切な指標の一つが、「右タテ」で読み取れる「自己資本比率」です。自己資本（創業から毎期毎期積み上げてきた利益など）が、貸借対照表の右側（負債・純資産の部合計）全体の何％を占めるかを示しています。

自己資本比率の計算式

$$自己資本比率（\%）＝ \frac{自己資本}{負債・純資産の部合計} ×100$$

※会計の世界では、この公式の分母は「負債・純資産の部合計」ではなく「総資本」と書かれています。しかし、決算書には総資本という言葉がないので、自社分析の際に混乱してしまいます。よって、ここではあえて「負債・純資産の部合計」と表しています。

③ 優良企業の自己資本比率は50％超

国内企業の平均的な自己資本比率は約40％です。これを上回り、50％を超えると「優良企業」といえます。ただし、このあとに説明していく指標も見ながらチェックしてください。自己資本比率が高ければ高いほどいいわけでもないので注意しましょう。

まずは自社の「右タテ」を見て、さまざまな借金と自己資本のバランスを見てみましょう！

④ 「流動負債」や「固定負債」とは？

例えば、10年間で純資産を1000万円積み上げたとします。これは1000万円の現金があるというわけではありません。この1000万円は10年間で豚の貯金箱にある資産たちに化けています。

風船の上には、借金が書かれています。これらの借金は「流動負債」と「固定負債」に分かれます。さまざまな名目で書かれていますが、とにかく「返済すべきお金」です。

Chapter 5 お次は「左タテ」の【流動資産と固定資産】

① 現金化することがほぼない「固定資産」

　次は豚の貯金箱の胴体部分である貸借対照表の左側、通称「左タテ」を見ていきましょう。

　この「左タテ」には、自社のもっている資産がすべて書かれています。上半身には原則1年以内で現金化できるであろう「流動資産」が、下半身には、現金化することがほぼない「固定資産」があります。機械や土地も売れば現金化できるのですが、現実的に考えてそれらを売ると、商売が不可能になります。よって、固定資産を利用して何かしらの商品やサービスを生み、それらを売って現金を生み出すことはあっても、固定資産自体を売却して、現金化することはほとんどありません。

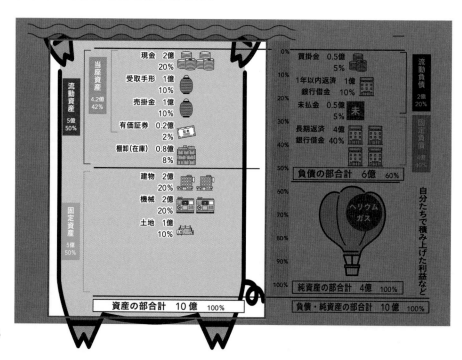

② 資産の状況をチェックしてみる

　ここで着目してほしいのが、豚の"スタイル"です。上半身である流動資産が多い「グラマーな豚」なのか、上半身、下半身均等の「寸胴体型の豚」なのか、はたまた、固定資産の多い「下半身太りの豚」なのかをチェックします。

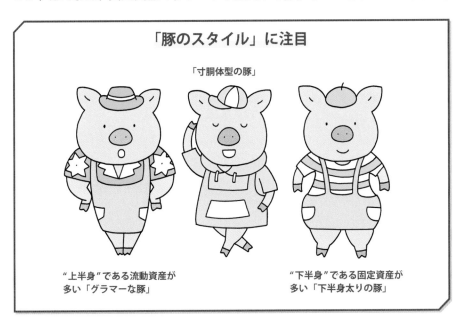

「豚のスタイル」に注目

「寸胴体型の豚」

"上半身"である流動資産が
多い「グラマーな豚」

"下半身"である固定資産が
多い「下半身太りの豚」

③ 「豚のスタイル」は業界・業種によってさまざま

　先ほどの自己資本比率と違って、上半身と下半身のバランスに「これがいい！」というものはありません。

　豚のスタイルは、どのような経営戦略を取るかによって、変わっていきます。また、業界・業種によって傾向が異なります。例えばIT企業なら、固定資産よりも流動資産が多くなるため「グラマーな豚」に、製造業なら固定資産が多くなりやすいので「下半身太りの豚」になってしまいがちなのです。
　あなたの会社はどんなスタイルでしたか？

横方向に分析「下ヨコ」の【固定資産と自己資本】

① 自己資本と固定資産を比較する

豚の貸借対照表を縦方向に見終わったら、次は横方向に分析していきます。最初は表の下部分を見比べる「下ヨコ」です。

下ヨコでは、自分たちが創業以降に生み出した自己資本と、現金化することがほぼない固定資産を比較します。

例えば右の図だと、固定資産と自己資本との間に「段差」ができていて、固定資産のほうが1億円だけ上回っています。これは、自分たちで積み上げてきた自己資本よりも1億円無理をして固定資産に投資したともいえるのです。

② 不景気時に固定資産が多いと大変

先述のとおり、固定資産はもう現金化することがほぼありません。そのため、景気が悪くなったりしたとき、この固定資産が多いと大変です。例えば、1億円を流動資産でもっていれば、いざというときにすぐに現金化できます。しかし、1億円を固定資産でもっていると、不景気で仕事がない場合にアクションがなかなか取れなくなってくるのです。

私の経営する工場は、コロナで売上が落ちたときに、この固定資産の大きさを痛感しました。下半身が大きいのですが、景気が悪くなっても、この下半身を売ってお金にするなどの手を打てなかったのです。

自己資本よりも固定資産のほうが大きい場合、その差がイケイケ度になります。「差が大きい＝悪い」というわけではありません。固定資産への投資はとても大事ですが、差が大き過ぎる場合は要注意です。

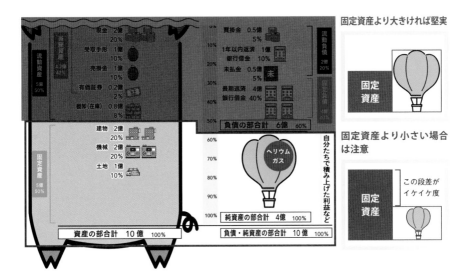

固定資産より大きければ堅実

固定資産より小さい場合
は注意

この段差が
イケイケ度

固定
資産

自分たちで積み上げた利益など

③ 固定資産の増やし過ぎに注意

　この段差をいくらまで許せるのかは会社の状況や方針次第ですが、固定資産のほうが多いなら「そもそも無理をしている状態なんだ」と認識しておくことが大切です。

　例えば製造業の場合、経営者のなかには「借入をして工場に投資をしたら、売上につながるはずだ！」と思って、積極的に設備投資を行う人がいます。しかしあまりに固定資産を増やし過ぎると、この「段差」がどんどん広がっていき、借金が増えて経営が苦しくなってしまいます。

　「利益を生むためには、まず借入して投資から」という考えは一度横に置いて、今ある固定資産をどう有効活用するのかを考えてみてください。

　何度も言いますが、投資は事業の発展のために必要不可欠です。「ここぞ！」というときに躊躇しないためにも、今の豚、投資後の豚をシミュレーションしておいてください。経営者は「見えない」と「不安」になります。風船会計メソッドで自社の豚の貯金箱を書いてみて、貸借対照表が「見えて」いれば、不要な不安を軽減することもできるのです。

1章　貸借対照表と豚の貯金箱【貸借対照表】

029

Chapter 7 「上ヨコ」①あまくみる 【流動資産と流動負債】

① 「流動比率」は流動資産と流動負債のバランス

　上ヨコは3ステップで見ていきます。1年で支払わないといけない負債を、払えるだけの蓄えが豚の貯金箱の中にあるかをチェックしましょう。

①ステップ　あまくみる
②ステップ　少しきびしくみる
③ステップ　きびしくみる

　豚貸借対照表の上部分を横方向に分析する「上ヨコ」。まずは、ざっくりとした見方から説明しましょう。
　最初に見てほしいのは、豚の上半身である、1年以内に現金化できる流動資産と、1年以内に返済する流動負債のバランスです。これを「流動比率」といいます。

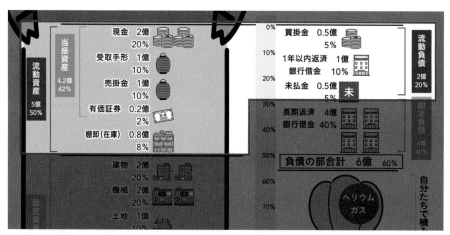

豚の上半身（流動資産）で流動負債を払えるかチェック

1年以内で現金化できる資産	>	1年以内に返済するお金

 流動比率の理想は130%以上

　これで分かるのは、1年以内の支払い能力です。豚の上半身が流動負債よりも大きければ、1年以内の支払い能力があるといえます。しかし豚の上半身が流動負債よりも小さければ、1年以内に資金繰りが立ちゆかなくなる危険性があるでしょう。

　よって、流動比率は100％以上でなければいけません。理想は130％以上といわれています。

　「豚の上半身」は1年以内に「現金化するであろう」と思われている資産が、すべて記載されています。「あろう」なので、なかには現金化しない可能性があるものも含まれています。

流動比率の計算式

流動比率（％）　＝　流動資産　÷　流動負債　×　100

「上ヨコ」②少しきびしく【当座資産と流動負債】

1 「当座比率」は当座資産と流動負債のバランス

　次は「上ヨコ」の幅を少し狭くしてチェックしていきます。

　ここで見ていただきたいのは、現金や受取手形などの「当座資産」と、流動負債とのバランスです。これを「当座比率」といいます。当座資産に当てはまるのは、「現金」「受取手形」「売掛金」「有価証券」です。

| 当座資産
（現金＋受取手形＋売掛金
＋有価証券） | > | 1年以内に
返済するお金 |

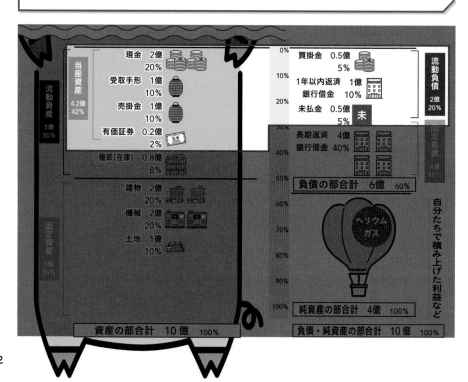

当座比率の計算式

当座比率（％）　＝　当座資産　÷　流動負債　×　100

② 当座比率が100％以上かどうかをチェック

当座資産に当てはまる受取手形や売掛金、有価証券は、高い確率で現金化できる資産です。よってこの当座比率が100％以上あれば、短期の支払い能力があるといえます。

ちなみに、流動資産のなかで当座資産から省かれているのは、棚卸です。棚卸は現金化できる可能性はありますが、すでに市場で廃番になっている製品が残っているケースなどもあるので、必ずしも売れるとはいえないのです。

まずは前の見開きの流動比率が100％以上か、その次に当座比率も100％以上かをチェックしてみてください。

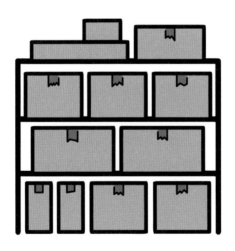

流動資産のなかで棚卸は当座資産に含まない。

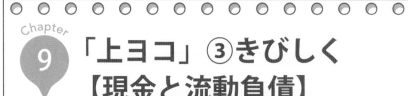

Chapter 9

「上ヨコ」③きびしく 【現金と流動負債】

1 現金比率は現金と流動負債のバランス

　最後の「上ヨコ」は、さらに幅を狭くしてきびしく見ていきます。

　最も強い「現金」と、流動負債のバランスをチェックしましょう。これを「現金比率」といいます。

| 現金 | ＞ | 1年以内に返済するお金 |

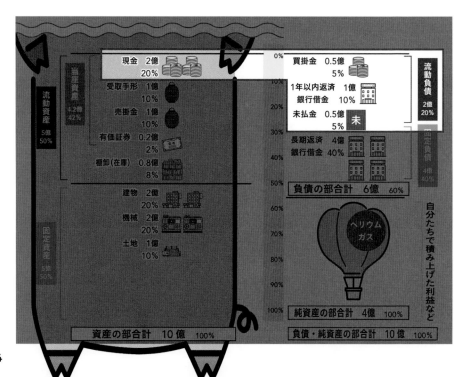

> **現金比率の計算式**
>
> 現金比率（％）　＝　現金　÷　流動負債　×　100

② 経営状態がいいのは現金比率100％以上

　この現金比率が100％以上なら、経営としては非常に良い状態です。85％以上でも優良企業といえます。

　ただし、ここで長期の借金である固定負債をチェック！　もし固定負債が多ければ、借り入れたお金が現金に化け、流動負債を返済しているだけの可能性が高いです。

　自社にある現金が、豚が頑張って稼いだ利益から出てきた現金なのか、それとも借入を増やして得た現金なのかで、企業の財務体質は大きく異なります。

新たに借金して現金を得るという流れになる

現金が多くても、固定負債という借金が大きくなり過ぎていないかを
必ずチェック

Column
3匹の子豚カフェの
経営状況を分析！

 「風船会計」を使って経営状況をチェック

　3匹の子豚がそれぞれに経営するカフェの経営状況を、風船会計を使って読み解いていきましょう。

　それぞれのカフェの貸借対照表は次のとおりです。

長男

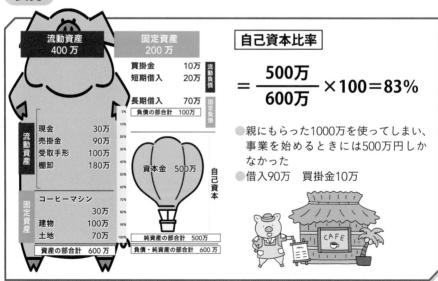

流動資産
400万

固定資産
200万

自己資本比率

$$= \frac{500万}{600万} \times 100 = 83\%$$

流動負債
　買掛金　　　10万
　短期借入　　20万

固定負債
　長期借入　　70万
　負債の部合計　100万

● 親にもらった1000万を使ってしまい、事業を始めるときには500万円しかなかった
● 借入90万　買掛金10万

流動資産
　現金　　　　　30万
　売掛金　　　　90万
　受取手形　　 100万
　棚卸　　　　 180万

固定資産
　コーヒーマシン
　　　　　　　　30万
　建物　　　　 100万
　土地　　　　　70万

資本金　500万

自己資本

純資産の部合計　500万

資産の部合計　600万

負債・純資産の部合計　600万

次男

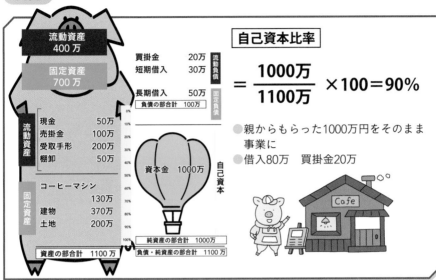

流動資産 400万	買掛金 20万	流動負債
	短期借入 30万	
固定資産 700万	長期借入 50万	固定負債
	負債の部合計 100万	

自己資本比率

$$= \frac{1000万}{1100万} \times 100 = 90\%$$

流動資産	現金	50万
	売掛金	100万
	受取手形	200万
	棚卸	50万
固定資産	コーヒーマシン	130万
	建物	370万
	土地	200万

資本金 1000万 （自己資本）

純資産の部合計	1000万
資産の部合計 1100万	負債・純資産の部合計 1100万

- 親からもらった1000万円をそのまま事業に
- 借入80万 買掛金20万

三男

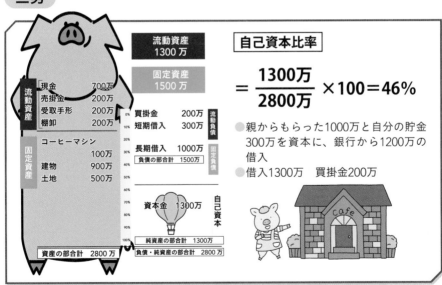

流動資産 1300万		
固定資産 1500万		

自己資本比率

$$= \frac{1300万}{2800万} \times 100 = 46\%$$

流動資産	現金	700万
	売掛金	200万
	受取手形	200万
	棚卸	200万
固定資産	コーヒーマシン	100万
	建物	900万
	土地	500万

買掛金 200万	流動負債
短期借入 300万	
長期借入 1000万	固定負債
負債の部合計 1500万	

資本金 1300万 （自己資本）

純資産の部合計	1300万
資産の部合計 2800万	負債・純資産の部合計 2800万

- 親からもらった1000万と自分の貯金300万を資本に、銀行から1200万の借入
- 借入1300万 買掛金200万

🏠 固定資産と自己資本の段差をチェック

それぞれのカフェの固定資産と自己資本の段差はどれくらいあるのでしょうか。「下ヨコ」をチェックします。

固定資産と自己資本の段差

わらの家カフェ

固定資産200万円
自己資本500万円
段差　300万円
自己資本が大きく
無理ない投資

木の家カフェ

固定資産700万円
自己資本1000万円
段差　300万円
自己資本が大きく
無理ない投資

レンガの家カフェ

固定資産1500万円
自己資本1300万円
段差　200万円
自己資本が小さい
ちょっと無理して投資
している

🏠 「わらの家カフェ」の流動比率をチェック

次に「上ヨコ」をチェックしていきます。ここでは流動資産と流動負債の流動比率を見ていきましょう。

流動資産と流動負債から出した流動比率

わらの家カフェ

流動資産　400万
流動負債　30万

木の家カフェ

流動資産　400万
流動負債　50万

レンガの家カフェ

流動資産　1300万
流動負債　500万

3匹とも流動比率は高く支払い能力はありそうです。

現金とお化け

【運転資金】

Chapter 1 売上債権と棚卸は「いつか お金になるなるお化け」

1 豚の上半身には2種類のお化けがいる

第2章では、貸借対照表の読み方をさらに深掘りしていきます。

まずは、貸借対照表の左上にある「売上債権」と「棚卸」についてです。

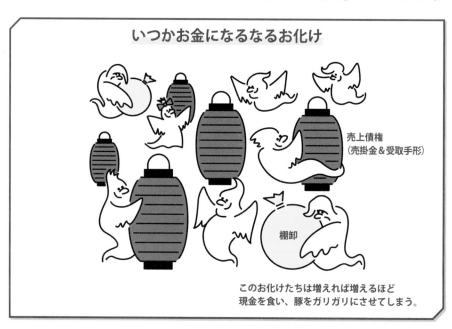

いつかお金になるなるお化け

売上債権
（売掛金＆受取手形）

棚卸

このお化けたちは増えれば増えるほど
現金を食い、豚をガリガリにさせてしまう。

2 「売上債権」と「棚卸」について

「売上債権」とは、商品やサービスを提供したことによって、あとからお金を受け取れる債権のことです。一般的には「売掛金」と「受取手形」の2つが含まれます。

「棚卸」とは、これから売る商品や、売れずに残った商品などを合わせたものです。

③ 売上債権は「ツケ」のようなもの

　売上債権は、いわゆる「ツケ」のようなものです。

　例えばあなたが居酒屋を経営していて、常連のお客様から「今日はツケで飲ませてちょうだい！」と言われ、毎回ツケで飲ませていたとします。すると、ツケはどんどん膨らんでいきます。このツケが居酒屋のちょうちんを持った「ちょうちんお化け」のようなイメージです。

　あなたはお客様に提供したビールや塩辛、焼き鳥の鶏肉を買った代金は仕入先に支払って豚の貯金箱から現金を出していますが、お客様からはツケにされているので、豚の貯金箱には、現金がなかなか入ってきません。これでは豚の貯金箱の体調を悪くさせてしまいます。

④ 棚卸の「いつかは売れる」は危ない！

　棚卸とは、いわゆる「在庫」であり、棚卸もお化けです。例えば、あなたがお酒の売り時を逃さないために、いつもビールやワインなどを多めに発注していたとします。すると、この棚卸たちはあっという間にお化けに変化！いつかは売れるかもしれないですが、その「いつかは売れる」が危ないのです。棚卸を仕入れたりつくったりすると、その代金の支払いで豚の貯金箱から現金を出します。そして、棚卸で居続ける限り売れていないので、豚の貯金箱に現金はいつまで経っても入ってこないのです。

　このちょうちんお化けと棚卸お化けは、「いつかお金になるなるお化け」です。お金になると言いながら、場合によってはいつまで経ってもお金にならず、それどころか現金がどんどん出ていく原因にもなってしまいます。

　あなたの会社にこのお化けたちがいないか、ぜひ確認してみてください！

Chapter 2 お化けが現金になるのは いつ？「タイムラグ」に注意

① 棚卸が現金化されるまでの過程

「いつかお金になるなるお化け」は、いつ現金に変わるのでしょうか。それは「棚卸お化け（在庫）」が販売されて「ちょうちんお化け（売上債権）」となり、現金化されるまでの期間を足し合わせて算出します。

例えば、あなたがビール樽を仕入れ、その50日後にお客様にツケ払いで提供し、その回収までに90日かかったとします。この場合、現金化されるまでに140日もかかった計算になります。

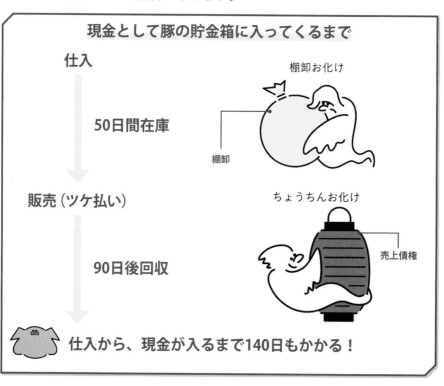

現金として豚の貯金箱に入ってくるまで

仕入

棚卸お化け

50日間在庫

棚卸

販売（ツケ払い）

ちょうちんお化け

90日後回収

売上債権

仕入から、現金が入るまで140日もかかる！

② 現金化までのタイムラグに気をつける

「実際はそんな期間はかからないでしょ」と思うかもしれませんが、例えば製造業では材料の仕入から、製造して、売って現金化するまでに120日～150日、長いときで半年もかかることだってあります。

このタイムラグが長いと、その分現金が凍結されてしまっているため、財務状況が悪化するので要注意です。

③ 手形日数の短縮化が検討されている

ただし、中小事業者の取引条件の改善を図る観点から、すでに公正取引委員会が手形日数（ちょうちんお化け）を「60日以内」に短縮するよう求めています。中小企業と多く取引する親事業者には、「2024年目処で対応するように」というお達しが出ています。

この情報を武器に、取引先にタイムラグの是正を求めてもよいかもしれません。

④ お化けという発想が生まれたわけ

私は会計の専門家ではないので、会計用語に苦労しました。売掛金や受取手形という言葉は耳にしたこともありませんでした。「売掛金も受取手形も、売った代金を将来もらえる」と思っていたので、多ければ多いほど、将来もらえるお金が多く、売掛金や受取手形が多いのは「良いことだ！」と思い込んでいました。しかし、売掛金も受取手形もまるでお金が凍結されているようで、資金繰りを苦しくするものでした。どうしても脳では「良いもの」と認知してしまうので、「お化け」というメタファーが生まれました。

仕入債務は
「ラッキーアイテム」

① 仕入債務のメカニズムについて知る

次に、貸借対照表の右上にある「仕入債務」について見ていきましょう。

お金を残せるラッキーアイテム

仕入債務（買掛＆支払手形）

会社が仕入れてから、実際に相手に支払うまでに貯まっている
金額

仕入  支払

この期間が
仕入債務

**仕入債務が多い＝豚の貯金箱から
現金が出ていくのを遅らせること
に成功**

仕入債務が多ければ多いほど、豚の貯金箱から現金を出すのがゆっくりになるので、豚は元気。

---

② 支払までの猶予がある仕入債務

　先ほどのお化けと逆の要素をもつものがあります。それが仕入債務です。仕入債務とは、商品や材料の仕入などを行ったとき、あとで支払うと約束した債務のことです。一般的には「買掛金」と「支払手形」が含まれます。

　この仕入債務は支払までの猶予があります。先ほどの居酒屋のケースで、あなたが客でツケにしてもらっているのと同じです。豚の貯金箱から現金が出ていくのを遅らせることができます。まさに「ラッキーアイテム」！この仕入債務が多ければ多いほど、豚の貯金箱に長く現金を貯めておけることになります。

③ 仕入が多いほどいいわけではない

　しかし、ここで注意してほしいのが、「ラッキーアイテムを増やすために必要以上に仕入れない」ということです。
　例えば、買掛金を大きくしようと思って、コーヒー豆を普段よりも100万円分多く発注して、買掛金を生み出すことは意味がありません。あくまでも「適量を仕入れて、支払を遅らせ、ラッキーアイテムを増やす」という意味です。

　ラッキーアイテムが支払を遅らせて増えるのはうれしいことですが、無理にアイテムをつくる必要はないということを覚えておきましょう。

会社を動かすのに必要な「経常運転資金」

① 経常運転資金を考える

これまでに出てきた「いつかお金になるなるお化け」と「ラッキーアイテム」が分かれば、あなたの会社を経営するために最低限必要なお金である「経常運転資金」が算出できます。

経常運転資金の計算式

お化け　　　　　　　　　　　　　ラッキーアイテム

経常運転資金　＝　売上債権　＋　棚卸　－　仕入債務
　　　　　　　　　（売掛金＋受取手形）　　　　　（買掛金＋支払手形）

例えば、同じ売上1億円の会社で、A社の経常運転資金が4000万円、B社の経常運転資金が1000万円だったとします。B社は1000万＋αの現金があれば経営ができますが、A社は4000万＋αの現金がないと経営ができません。経常運転資金が高いほど、苦しくなるのは家計と一緒です。

A社 売上1億円	B社 売上1億円
経常運転資金 4000万円	経常運転資金 1000万円
↓	↓
4000万円＋αの 現金が必要	1000万円＋αの 現金が必要

A社のほうが
苦しい

② 経常運転資金は余裕をもって保有する

　例えば経常運転資金が1億円と算出されたとしても、1億円だけ手元にあればいいというわけではありません。必ずそれ以上はもつようにしてください。現金を経常運転資金の何倍もっておくのかなどは、自社で決めるとよいでしょう。ちなみに、3カ月分の売上と同じぐらいの運転資金をもっておくと、災害や何かが起きたときにも安心です！

③ 自社に必要な経常運転資金を算出する

　まれに、経常運転資金の5倍の現金をもっているという企業があります。5倍もあればとても安心して企業経営ができそうですが、もしそのために必要以上に借金をしているなら本末転倒です。

　私も常に「現金は最低いくらもっておけばよいのか？」という漠然とした不安がありました。それを理論に基づいて、理解しておきたかったのです。今は、決算書を見てすぐに「お化けはいくら？」「ラッキーアイテムは？」とパパッとチェックして、1.5倍〜2倍の現金があれば大丈夫と計算しています。

　決算書が一つひとつ理解できていくと、漠然とした不安が一つひとつなくなっていきます。経営者の方々の不安を一つでも安心に変えることができたらうれしいです。

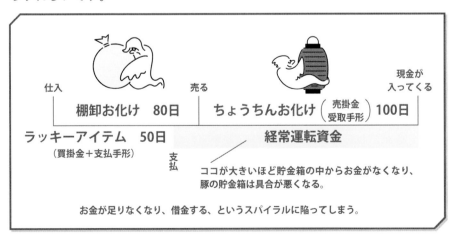

Chapter 5

「売上債権回転率」「売上債権回転期間」をチェック！

❶ 売上債権回転率について

　健全な企業経営ができているのかを考える際は、「売上債権回転率」や「売上債権回転期間」がヒントになります。

　まず売上債権回転率は「ちょうちんお化け（売上債権）」を現金化できる早さを示しています。数字が大きいほど、短期間で売上債権を回収できています。

売上債権回転率の計算式

売上債権回転率（回）　＝　年間売上高　÷　売上債権（ちょうちんお化け）

---

❷ 業界・業種により差がある売上債権回転率

　この売上債権回転率は、業界・業種によっても大きな差があります。例えば右の表のように製造業の平均値は5.75回ですが、宿泊業、飲食サービス業の平均値は47.52と大きく開きがありますよね。

　一般的には、売上債権回転率が年6回以上であれば理想とされ、年3回以下では危険な状態だといわれています。つまり、いつ資金がショートしてもおかしくない状況ということです。まずは年6回を実現してみてはどうでしょうか。私がこれを知って、自社の計算をしたとき、年2.9回でした。ありえないほどちょうちんお化けが膨らんでいたのです。社員のみんなに、風船会計メソッドを使って現金回収までの期間を短くする交渉や、在庫を少なくするようにと伝えました。

業種による売上債権回転率（回）

業態	売上債権回転率（回）
建設業	9.07
製造業	5.75
情報通信業	6.75
運輸業、郵便業	7.85
卸売業	6.56
小売業	14.44
不動産業、物品賃貸業	10.77
学術研究、専門・技術サービス業	9.55
宿泊業、飲食サービス業	47.52
生活関連サービス業、娯楽業	34.93

※中小企業実態基本調査／令和元年確報（平成30年度決算実績）／確報

③ 売上債権回転期間について

　次に、売上債権回転期間は、売上債権を回収するまでにかかる期間のことです。つまりちょうちんお化けが現金になるまでの期間のこと。

売上債権回転期間の計算式

売上債権回転期間（日数）　＝　365日　÷　売上債権回転率

　この売上債権回転期間が短いほど、ちょうちんお化けを短期間で現金化してくれることを示しています。

　この売上債権回転期間を早めるためには、支払いを受けるまでの期間を短縮するのが有効です。回収までの期間があまりに長い顧客には、粘り強く交渉してみるとよいでしょう。

Chapter 6 「在庫回転率」「在庫回転期間」にも注意！

① 在庫の入れ替わり状況を示す在庫回転率

　経営していると、ついたまりがちな在庫。これは「いつかお金になるなるお化け」なので、いかに早く販売して現金化していくのかが重要です。
「在庫回転率」は、一定期間内に在庫がどの程度入れ替わったかを示しています。この数字が大きければ、好調に商品が売れていること、数字が小さければ、あまり売れ行きがよくないことが分かります。

在庫回転率の計算式

在庫回転率（回）　＝　年間売上原価　÷　平均在庫金額

---

② 在庫の入れ替わり期間を示す在庫回転期間

　また、在庫がどれくらいの期間をかけて売れたのかを示すのが「在庫回転期間」です。数字が小さいほど、短期間で在庫が売れていると分かります。

在庫回転期間の計算式

在庫回転期間　＝　棚卸資金　÷　年間売上原価

　私自身、在庫は長年の悩みの種でした。
　経営者は現金が減って苦しくなるから、在庫は少なくしてほしい。現場は納期遅れなどで、お客様にご迷惑をおかけしないように、安心できる量の在庫を確保しておきたい。
　こういった立場による考え方の違いも、風船会計を使って同じ目線にすることで解決することができました。

③ 資金繰りを楽にするために……

　資金繰りを楽にしたい場合は、まずちょうちんお化けと棚卸お化けをチェックしましょう！　ちょうちんお化けは顧客が絡むので交渉に時間を要する場合が多いですが、棚卸お化けは明日にでも手を打つことができます。

　1円分でも在庫を減らせる手立てはないかをみんなで考えてみると、新しいアイデアがどんどん出てきますよ。3000万円のお化けが、2000万円のお化けになってくれたとします。それは、現金が1000万円増えているのと同じです。借入する前に、お化けを減らすことができないかをしっかりと考えましょう。

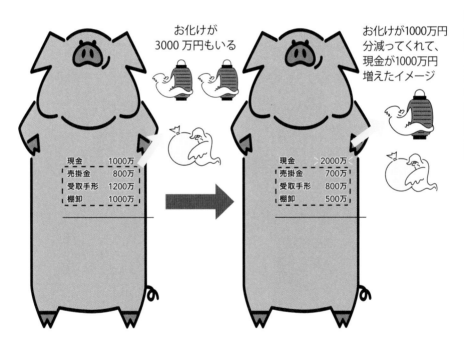

お化けが
3000万円もいる

現金	1000万
売掛金	800万
受取手形	1200万
棚卸	1000万

お化けが1000万円
分減ってくれて、
現金が1000万円
増えたイメージ

現金	2000万
売掛金	700万
受取手形	800万
棚卸	500万

借入するのを待って、まずはお化けを減らせないか、ラッキーアイテムを増やせないかを考える！

Column
3匹の子豚たち、
「お化け」に悩む

🏠 現金が足りなくなってしまった長男子豚

　3匹の子豚カフェがスタートして6カ月。カフェに少し慣れてきた頃、長男子豚が三男子豚を訪ねてきました。長男は仕入れるための現金が足りなくなってしまったようです。長男の現金が不足した原因は次のとおりです。

　「実は、『いつかお金になるなるお化け』が、貧乏神のように棲みついてしまったんだ……」

🏠 長男子豚のツケを回収する三男子豚

　優しい性格である長男子豚の「わらの家カフェ」には、すでに多くの常連客がついていて、長男子豚はとてもかわいがられているようです。

　しかしその常連客のなかに、なかなかお金を払ってくれない人がいて、ツケばかりがたまっているそう。さらに、別の常連客は自分の会社で作ったワインを押し売りしてきて、長男はそれを断れずに在庫にしてしまったのだか……。

　「兄さん、しっかりしてよ！　カフェでワインが売れるわけないじゃない！」

　三男子豚は仕方なく、長男子豚を引き連れて常連客の家を回り、ツケを回収していきました。ワインはカフェでは売れないので、「わらの家カフェ」をカフェバーに業態変更！　在庫が捌けるまでは、ワインのみ提供するお店にしたのです。

3匹の子豚カフェの経営状況

長男

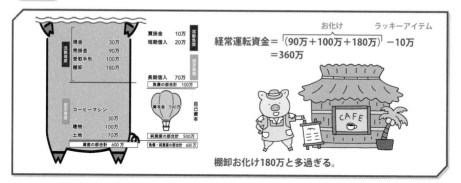

流動資産
現金 30万
売掛金 90万
受取手形 100万
棚卸 180万

固定資産
コーヒーマシン 30万
建物 100万
土地 70万

資産の部合計 600万

流動負債
買掛金 10万
短期借入 20万

固定負債
長期借入 70万
負債の部合計 100万

自己資本
資本金 500万
純資産の部合計 500万
負債・純資産の部合計 600万

$$\text{経常運転資金} = \overset{\text{お化け}}{\overset{\frown}{(90万+100万+180万)}} - \overset{\text{ラッキーアイテム}}{10万}$$
$$= 360万$$

棚卸お化け180万と多過ぎる。

次男

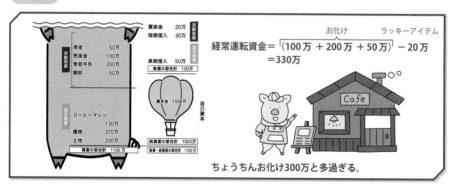

流動資産
現金 50万
売掛金 100万
受取手形 200万
棚卸 50万

固定資産
コーヒーマシン 130万
建物 370万
土地 200万

資産の部合計 1100万

流動負債
買掛金 20万
短期借入 30万

固定負債
長期借入 50万
負債の部合計 100万

自己資本
資本金 1000万
純資産の部合計 1000万
負債・純資産の部合計 1100万

$$\text{経常運転資金} = \overset{\text{お化け}}{\overset{\frown}{(100万 + 200万 + 50万)}} - \overset{\text{ラッキーアイテム}}{20万}$$
$$= 330万$$

ちょうちんお化け300万と多過ぎる。

三男

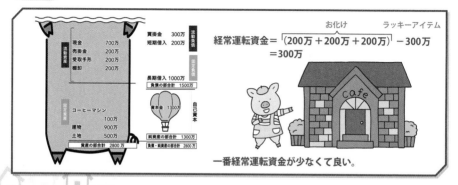

流動資産
現金 700万
売掛金 200万
受取手形 200万
棚卸 200万

固定資産
コーヒーマシン 100万
建物 900万
土地 500万

資産の部合計 2800万

流動負債
買掛金 300万
短期借入 200万

固定負債
長期借入 1000万
負債の部合計 1500万

自己資本
資本金 1300万
純資産の部合計 1300万
負債・純資産の部合計 2800万

$$\text{経常運転資金} = \overset{\text{お化け}}{\overset{\frown}{(200万 + 200万 + 200万)}} - \overset{\text{ラッキーアイテム}}{300万}$$
$$= 300万$$

一番経常運転資金が少なくて良い。

損益計算書と風船

【損益計算書】

Chapter 1 損益計算書と「風船」

1 損益計算書はとても重要な書類

　この「風船会計」では、損益計算書を「風船」と「気球」で表現しています。

　そもそも損益計算書とは、会社の利益状況について記載されている書類です。その記載は収益・費用・利益に分かれていて、会社が費用を何に使い、どれだけ売上が上がって、どれくらい儲かったのかを読み取ることができます。

　まずは右ページで、風船を紹介しましょう。

2 全体の売上を「風船」で表現する

　風船の全体が「売上」で、風船外観が大きいと売上が多く、小さいと売上が少ないです。そして、風船の中には「重り」が入っています。この重りが変動費と呼ばれる経費です。会社で発生する経費は大きく2つのグループに分かれます。この「グループに分けてあげる」というのがポイントです。

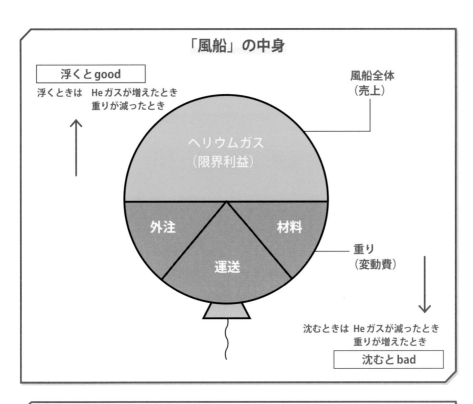

「風船」の中身

浮くとgood

浮くときは　Heガスが増えたとき
　　　　　　重りが減ったとき

風船全体
（売上）

ヘリウムガス
（限界利益）

外注　　　材料

運送

重り
（変動費）

沈むときは Heガスが減ったとき
　　　　　　重りが増えたとき

沈むと bad

グループ① 変動費	売上が上がると比例して増える経費 （コーヒーを100杯売ったときと101杯売ったときで変わる経費）
グループ② 固定費	売上に関係なく一定額かかる経費 （コーヒーを100杯売ったときと101杯売ったときで変わらない経費）

　ポイントは、小さい変化で考えることです。100杯売ったときと1000杯売ったときのケースで考えると、ほとんどの経費が増えてしまいうまく分類できなくなるからです。

　そして、風船から中の重りを引いて残ったヘリウムガスの部分が、「限界利益」と呼ばれるものです。風船はヘリウムガスが多ければ多いほど上に飛んで、重りが重ければ下に沈みます。風船は上に浮かんだほうがよいので、このヘリウムガスをどれだけ作れるかを、まずは第一ステップとしておさえておくのが大事です。

「風船」は大きければ いいわけではない

①「売上が高い＝優秀」とは限らない

　企業の目的は、売上である「風船」を大きく膨らませること！

　たしかにそうかもしれませんが、実は風船が大きくてもなかなか上昇しないケースもあります。

カフェで売っている製品A〜Fの各種データ（万円）

		A	B	C	D	E	F
	売上	350	800	550	400	200	750
変動費	コーヒー豆	50	100	30	50	40	200
	カップ	30	150	50	80	30	100
	ミルク	0	50	40	30	10	250
	クリーム	0	40	30	10	50	150
	限界利益	270	460	400	230	70	50
		77%	57%	72%	57%	35%	6%

　上の図は、カフェで売っている製品A〜Fの売上、変動費、限界利益を示したものです。最も売上が高いのはB、その次はFです。これらのなかでは、この2製品が優秀だと思われるかもしれません。

　しかしその内容を見てみると、Fはかなり多くの変動費を使っているため、限界利益はたったの50万円しかありません。

　これを風船に置き換えてみると一目瞭然。最も高く浮き上がっているのはAであり、Fは地面スレスレを飛んでいることが分かります。私たちは普段ついつい風船の外観（売上）ばかりに意識を向けがちですが、意識を向けるべきポイントは風船の中のヘリウムガスなのです。

② イラスト化で数字が把握しやすくなる

　また、製品別の売上、変動費、限界利益などを風船型のイラストに置き換えると、会計や財務に明るくない社員でも、自社の状況が手に取るように分かります。「そんなの当たり前じゃないか」と思うかもしれませんが、これが数字のままだと、実際に経営に活かすのはなかなか難しいです。

　この例ではたった6製品なので、数字でもまだ理解できます。しかし、実際には何十製品、何百製品と取り扱っている企業も多いです。人間の脳は、数字がズラッと並んでいる資料を好き好んで見ようとはしません。また、会計とは関係のない部署の人たちに、経費や限界利益、変動費などという言葉は響きにくいです。

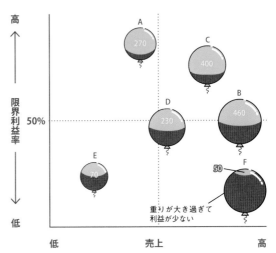

③ イラスト化でアイデアが出しやすくなる

　風船で表すことによって、「F製品はコーヒー豆にお金を使い過ぎているみたいだから、もう少し安い豆に変えてみようかな」、「A製品は風船が高く浮き上がっているけれど、まだまだ大きさは小さいから、利益と費用のバランスを変えないようにしながら売上拡大してみようかな」といったアイデアが次々と出てきます。

　このアイデア出しは、部署や役職に関係なく誰でもできます。風船というメタファーを使うことによって、誰にも忖度する必要なく意見が言えるのです。

　まずは自社の売上や費用を風船に置き換えることから始めてみましょう！

3章　損益計算書と風船【損益計算書】

「風船」と「気球」

1 ヘリウムガスを「気球」に移していく

　風船にどんどんヘリウムガスがたまってきたら、そのガスを今度は「気球」に移していきます。この気球には、あらかじめ「固定費」という重りが入っています。この固定費は売上の大きさに関係ありません。コーヒーの売れた数が0杯のときも、10杯のときも100杯のときでも、この重りの大きさ（費用）は変わらないのです。変わらないため、固定費といわれます。

　頑張って風船を膨らませ、ヘリウムガスを増やしてこの気球をどんどん浮かせてこそ、自社の経営がうまくいくというわけです。

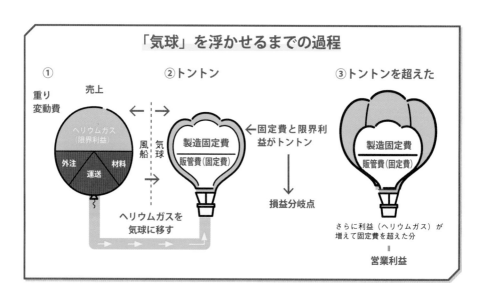

限界利益………売上から変動費を引いたもの

売上総利益……売上から変動費、製造固定費を引いたもの

営業利益………売上から変動費、製造固定費、販売管理費を引いたもの

② 「トントンポイント」を超えると気球が上がる

　左ページの図は、風船のヘリウムガスが気球に集まり、気球が浮くまでをイメージしたものです。①の風船単体では売上と変動費しか考えていませんが、②の気球からは固定費も加味されています。②のように固定費と限界利益が一致しているところが「トントンポイント」。ここを超えると、③のように気球が浮き上がります。

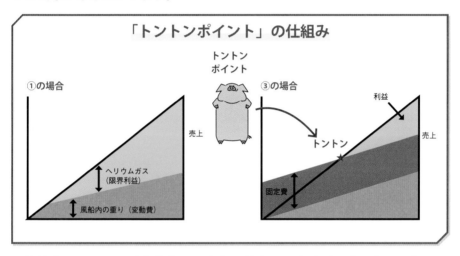

　決算書には、どれが変動費と固定費に該当し、合計がいくらなのかなどは記載されていません。そのため決算書を経営に活かすための資料にするのにはちょっとした工夫が必要です。決算書を眺めて、経費の科目一つひとつをチェックして変動費と固定費に色分けしてください。そして、変動費を風船の中、固定費を気球の中に入れて大きさのバランスを見てください。風船の中、気球の中に重りを分けて書くことによって何をどうすればいいのかみんなからアイデアが出てきます。

「トントンポイント（損益分岐点）」の計算式
トントンポイント（損益分岐点）　＝　固定費　÷　限界利益率（%）

　このトントンポイントが自社の場合いくらなのかを計算し、知っておくことが非常に大切です。そして、その金額はぜひ全従業員と共有してください。

自社の資産をフル活用！「総資本回転率」

① 効率の具合を示した総資本回転率

　ここからは、会社がもつ総資本（豚の貯金箱）をどれだけ効率的かつ、有効的に活用したか、つまり「総資本回転率」を見ます。

総資本回転率の計算式

総資本回転率（％）　＝　売上高　÷　総資本

　そもそも経営では、「豚が大きな体を使って、どれくらい風船を膨らませたのか」を見ています。可能であれば、この豚の2倍、3倍もの風船を膨らませたほうがいいわけです。

　例えば自分のヘソクリが100万円あって、それを全部投資に回したとします。当然100万円より増えてほしいですよね？

　この総資本回転率はまさに「豚が自分の胴体の何倍の風船を膨らませることができたのか」を表しています。ただし業界によって平均指標が異なってくるので、「総資本回転率　業種別」と調べてみてください。

業種別に見た総資本回転率の参考値

業種	総資産回転率（回転）
建設業	1.29
製造業	1.04
情報通信業	1.06
運輸業、郵便業	1.17
卸売業	1.71
小売業	2.03
不動産業、物品賃貸業	0.37
学術研究、専門・技術サービス業	0.80
宿泊業、飲食サービス業	1.46
生活関連サービス業、娯楽業	1.13
その他のサービス業	1.27

「中小企業実態基本調査」（経済産業省）を加工して作成

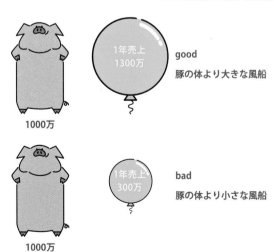

1年売上
1300万
good
豚の体より大きな風船

1000万

1年売上
300万
bad
豚の体より小さな風船

1000万

「総資本回転率」を上げる方法

① 総資本回転率を上げるためのステップ

　私も工場を経営するなかで、まずはこの総資本回転率を上げることを考えました。検討の流れは以下のとおりです。

> **1. まずは今ある資産を把握する**
>
> **2. 遊休資産を特定して、活用する**

　たったの2ステップに見えますが、これが想像以上に大変でした！

　工場には100台近くの機械があり、それぞれが受注状況に応じて稼働しています。それぞれに用途も稼働時間も異なる機械の状況を一覧化して、社員が分かりやすく把握できるようにするのは至難の業でした。どれが遊休機械（工場で眠っている使わなくなった機械）で、どれが利益率の高い製品を作っているかなどをExcelで把握するには限界があります。

　そこで使ってみたのが、おもちゃのブロックです。

　まず、取得金額に応じてブロックの数を決めます。私の場合、1ブロック＝1000万にしました。そして減価償却が終わった分は透明なブロックにします。次に、稼働している機械に**色分けした風船おもちゃ**をつけて、稼働状況と**機械代、製品利益率**を「見える化」しました。

　こうしてすべての機械をブロックに置き換えてみたら、「この機械の稼働率が一番高いんだね」「この機械は高かったのに全然使っていないから、この機械を使うような仕事を受注しよう」などと、社内メンバーで会話できるようになったのです。

② 自社の資産に目を向けるところから始める

　実際に経営していると、新しい製品を受注したため新しい機械を購入したり、高い機械を買ったとしても減価償却（購入にかかった費用を一定期間で分けて計上すること）によって、大きな支払いをしているという実感が湧きにくかったりします。また、日々の忙しさで、1年前や2年前に高額で投資した資産が利益を生んでいるのかなどを考えなくなってしまいます。

　まずは自社にある資産に目を向けて、遊休資産を活用することで総資本回転率を上げる取り組みをしてみてはどうでしょうか。

ブロックを使って、総資本回転率を「見える」化する

Column
3匹の子豚カフェ、売上はどうなっている？

🏠 開業から1年後の売上をチェック！

　3匹の子豚がカフェ経営を始めて、早くも1年が過ぎました。それぞれの経営方針のもと、利益を伸ばしているようです。3つのカフェの売上や経費を基に、どれくらい風船を膨らませているのか確認してみましょう。

カフェの年間売上と経費

	わらの家カフェ	木の家カフェ	レンガの家カフェ
売上	1000万円	2000万円	2200万円
コーヒー豆	150万円	200万円	660万円
カップ	150万円	200万円	380万円
ミルク	100万円	100万円	300万円
クリーム	100万円	100万円	200万円
限界利益	500万円	1400万円	660万円

🏠 売上が一番低い
「わらの家カフェ」

　長男子豚が経営する「わらの家カフェ」は、売上が1000万円と一番低く、売上から経費を差し引いた限界利益は500万円となっています。もう少し限界利益を高めることはできそうなのですが、優しい性格が足かせとなっているようです。お客様からコーヒーが高いから、安くしてよと言われると値下げをしてしまうことが多いようです。

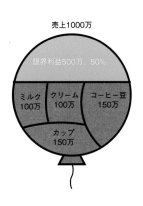

売上1000万

限界利益500万、50%

ミルク100万　クリーム100万　コーヒー豆150万　カップ150万

🏠 売上、限界利益ともに高い
「木の家カフェ」

　次男子豚が経営する「木の家カフェ」は、売上2000万円、限界利益も1400万円と絶好調のようです。お客様からは、値段の割にはミルクやカップなど、素材が安っぽいのでは？　という疑問も多々寄せられ始めているようですが、今はあまり見直す気がないようです。

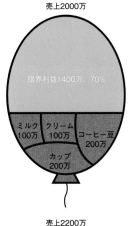

売上2000万

限界利益1400万、70%

ミルク100万　クリーム100万　コーヒー豆200万　カップ200万

🏠 売上は高いが限界利益が低い
「レンガの家カフェ」

　三男子豚が経営する「レンガの家カフェ」は2200万円の売上を上げています。しかし、限界利益は660万円。素材にこだわる高級志向がお客様には好評のようですが、これだけ素材にこだわるのであれば、単価を上げるなどして、もっと利益が取れる仕組みを早急に考える必要が出てきました。

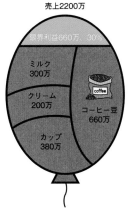

売上2200万

限界利益660万、30%

ミルク300万　クリーム200万　コーヒー豆660万　カップ380万

🏠 総資本回転率の1位は「木の家カフェ」

続いて、それぞれのカフェの総資本回転率もチェックしていきましょう。年間の売上高と総資産、そして総資本回転率は以下のとおりです。

カフェの総資本回転率の比較

	わらの家カフェ	木の家カフェ	レンガの家カフェ
売上高	1000万円	2000万円	2200万円
総資産	600万円	1100万円	2800万円
総資本回転率	1.7倍	1.8倍	0.8倍

最も総資本回転率が高かったのは、次男子豚の「木の家カフェ」でした。ハイスペックなコーヒーマシンを仕入れたため固定資産が大きいのですが、その資産を上手に活用できているようです。

次に高かったのは長男子豚の「わらの家カフェ」で、1.7倍と良い数字でした。もともと自己資本が少なく、銀行からの融資でまかなっている部分が大きいです。今後は利益を増やし、自己資本を増やしていけるとよいですね。

🏠 素材にこだわり過ぎてしまう「レンガの家カフェ」

逆に最も総資本回転率が低かったのは、三男子豚の「レンガの家カフェ」でした。三男子豚は総資本が多く、売上が総資産よりも少ないです。もう少し売上を伸ばせるような工夫ができるとよいでしょう。

4章

章

キャッシュ・フロー
計算書と豚の顔
【キャッシュ・フロー計算書】

減価償却とは？

① 固定資産の価値を減らしていく「減価償却」

「減価償却」とは、購入した固定資産の価値を、時間をかけて減らしていく考え方です。減価償却には、「分かりにくい！」という印象をもつ人も多いかもしれません。たしかに、少し分かりにくい仕組みですよね。

そこでこの本では、減価償却を、風船会計で分かりやすく解説します！

まずは、減価償却にまつわる用語を整理しましょう。

> 減価償却費……減価償却した金額を帳簿上に記載するときの項目
> 耐用年数………減価償却にかかる年数
> 減価償却資産…減価償却の対象となる（固定）資産

次に具体例を見てイメージを掴んでいきます。

> **例** 2023年3月に、70万円の業務用コーヒーマシンを1台購入。この機械の減価償却には7年かかるとします。

まず、買ったときの帳簿では、70万円が固定資産として豚の下半身に入ります。風船や気球には何も入りません。

次に、買った年の決算では、豚の下半身は60万円に減ります。そして減った10万円は気球の中に移って、重りの一つとなります。これがその年の「減価償却費」です。

このような調子で、毎年10万円が豚の下半身から気球の中に移動し、7年経ったら減価償却が終わります。

減価償却のイメージ

コーヒーマシンを期首に買ったとき

コーヒーマシンを買った年度の決算時

70万÷7年＝10万となり、
70万円を7年かけて10万円ずつ重りにするということ

重り

コーヒーマシンを買って2年目

重り

コーヒーマシンを買って3年目

重り

Chapter 2 減価償却を どう経営に活用する？

① 減価償却は何のために存在する？

そもそも減価償却はなぜあるのでしょうか。それは、長く使う固定資産の価値を、なるべく実態に合わせて会計上に反映するためです。

購入した機械や不動産などは買った年以降も使いますよね。そのため、会計上でもその資産の価値を記載して、会社の財務状況を正しく評価できるようにしています。

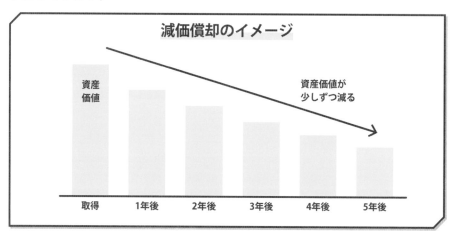

減価償却のイメージ

資産価値

資産価値が
少しずつ減る

取得　1年後　2年後　3年後　4年後　5年後

② 固定資産を有効活用できているか？

経営するうえで減価償却に関して考えたいのは「一度購入した固定資産を効果的に使えているか」ということです。

お金をかけて高い機械などを購入したとしても、たった数年で使わなくなり、工場の片隅でホコリを被っている……なんてことがありませんか？　使わなければ稼働のための光熱費などはかかりませんが、会社の会計上では気球の中の重りとして残っています。これは非常にもったいないです。

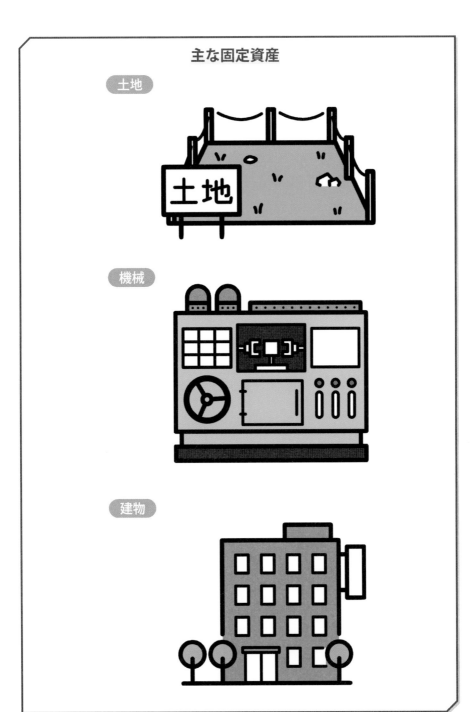

主な固定資産

土地

機械

建物

3 キャッシュ・フロー 計算書とは？

① お金の流れを示した計算書

　経営で一番大事なのは現金です。現金があれば赤字でもつぶれませんが、現金がなければ黒字でもつぶれてしまいます。自分たちの力で稼ぐ、銀行から借り入れる、資産を売る、などどうやって現金を豚の貯金箱に入れるべきかを読み解くものがキャッシュ・フロー計算書です。

　実は損益計算書では、このお金の流れが見えません（お化け、ラッキーアイテム、減価償却などがあるため）。よって、このキャッシュ・フロー計算書を読み解くことができるようになると、いろいろな背景が見えてきます。

② 3種類のキャッシュ・フロー

　キャッシュ・フロー計算書は、お金の流れを大きく3つのグループに分けて表記しています。上から順に「営業キャッシュ・フロー」「投資キャッシュ・フロー」「財務キャッシュ・フロー」となります。難しく聞こえますが、右図のようにイメージすると簡単です。

　3つのグループに分かれているのは、お金に色をつけて、どこからやってきたお金で、どこへ出ていったのかを分かりやすくするためです。

営業キャッシュ・フロー

本業の営業によるもの
（カフェの場合、コー
ヒーなどを売買して得
たり使ったりしたお金）

①ー①本業によって今期入ってきたお金
300万

①ー②本業によって出したお金
200万

営業キャッシュ・フロー
300万 − 200万＝100万

投資キャッシュ・フロー

資産の取得や有価証券
の購入など、投資によ
るもの（土地、建物、
機械、有価証券を買っ
たり売ったりして、得
たり使ったりしたお金）

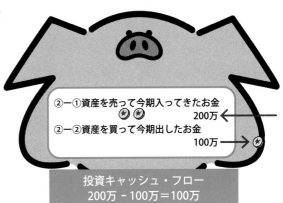

②ー①資産を売って今期入ってきたお金
200万

②ー②資産を買って今期出したお金
100万

投資キャッシュ・フロー
200万 − 100万＝100万

財務キャッシュ・フロー

借入金の調達や社債の
発行など、資金調達に
よるもの

③ー①新たに借入したり、株式を発行し
たりして入ってきたお金
100万

③ー②借金返済で出ていったお金
200万

財務キャッシュ・フロー
100万 − 200万＝ − 100万

キャッシュ・フロー計算書を見てみよう

① キャッシュ・フロー計算書

株式会社　子豚カフェ

自　令和3年4月1日　　　至　令和4年3月31日

項目	金額
Ⅰ　営業活動によるキャッシュ・フロー	
(1)営業収入	150,000,000
(2)原材料又は商品の仕入による支出	△70,000,000
(3)人件費支出	△50,000,000
(4)その他の営業支出	△25,000,000
小計	5,000,000
(5)利息及び配当金の受取額	150,000
(6)利息の支払額	△300,000
(7)法人税等の支払額	△1,200,000
(8)消費税の支払額（預かり消費税）	600,000
(9)その他の支出額	-
営業活動によるキャッシュ・フロー	4,250,000
Ⅱ　投資活動によるキャッシュ・フロー	
(1)投資有価証券の取得による支出	△3,000,000
(2)投資有価証券の売却による収入	4,000,000
(3)固定資産の取得による支出	△2,500,000
(4)固定資産の売却による収入	-
(5)その他の支出	△1,400,000
(6)その他の収入	200,000
投資活動によるキャッシュ・フロー	△2,700,000
Ⅲ　財務活動によるキャッシュ・フロー	
(1)短期借入による収入	8,000,000
(2)短期借入金の返済による支出	△7,000,000
(3)長期借入による収入	3,000,000
(4)長期借入金の返済による支出	△3,200,000
(5)社債の発行による収入	-
(6)株式の発行による収入	-
(7)配当金の支払額	△2,000,000
(8)その他の収入	-
(9)その他の支出	-
財務活動によるキャッシュ・フロー	△1,200,000
Ⅳ　現金及び現金同等物に係る換算差額	-
Ⅴ　現金及び現金同等物の増価額	350,000
Ⅵ　現金及び現金同等物の期首残高	20,000,000
Ⅶ　現金及び現金同等物の期末残高	20,350,000

※キャッシュ・フロー直接法で表しています。

② キャッシュ・フローの金額を弾き出してみる

難しい言葉や、数字の羅列も豚の顔で考えるとシンプルになります。

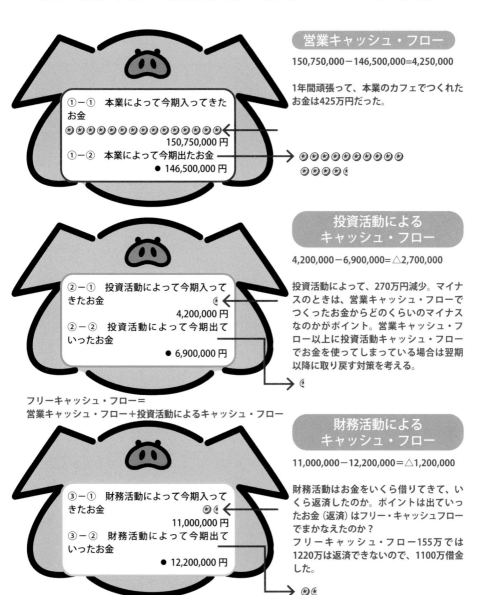

営業キャッシュ・フロー

150,750,000−146,500,000＝4,250,000

1年間頑張って、本業のカフェでつくれた
お金は425万円だった。

①−① 本業によって今期入ってきた
お金
150,750,000 円
①−② 本業によって今期出たお金
● 146,500,000 円

投資活動による
キャッシュ・フロー

4,200,000−6,900,000＝△2,700,000

投資活動によって、270万円減少。マイナスのときは、営業キャッシュ・フローでつくったお金からどのくらいのマイナスなのかがポイント。営業キャッシュ・フロー以上に投資活動キャッシュ・フローでお金を使ってしまっている場合は翌期以降に取り戻す対策を考える。

②−① 投資活動によって今期入って
きたお金
4,200,000 円
②−② 投資活動によって今期出て
いったお金
● 6,900,000 円

フリーキャッシュ・フロー＝
営業キャッシュ・フロー＋投資活動によるキャッシュ・フロー

財務活動による
キャッシュ・フロー

11,000,000−12,200,000＝△1,200,000

財務活動はお金をいくら借りてきて、いくら返済したのか。ポイントは出ていったお金（返済）はフリー・キャッシュフローでまかなえたのか？
フリーキャッシュ・フロー155万では1220万は返済できないので、1100万借金した。

③−① 財務活動によって今期入って
きたお金
11,000,000 円
③−② 財務活動によって今期出て
いったお金
● 12,200,000 円

4章　キャッシュ・フロー計算書と豚の顔【キャッシュ・フロー計算書】

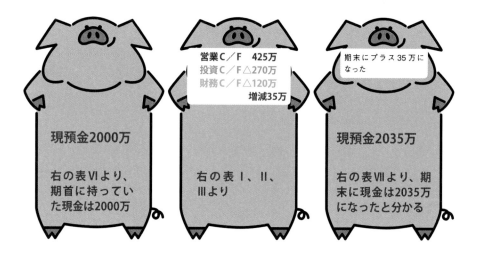

営業C／F　425万
投資C／F△270万
財務C／F△120万

増減35万

期末にプラス35万に
なった

現預金2000万

右の表Ⅵより、
期首に持ってい
た現金は2000万

右の表Ⅰ、Ⅱ、
Ⅲより

現預金2035万

右の表Ⅶより、期
末に現金は2035万
になったと分かる

③ フリーキャッシュ・フローとは

　フリーキャッシュ・フローとは、会社が自由に使える現金のことです。

　上記では**425万**－270万＝155万がフリーキャッシュ・フローとなります。
このフリーキャッシュ・フローが多いほど、将来的に新規投資して拡大でき
たり、借金の返済が確実となったりするため、優良な会社として見られます。

　キャッシュ・フロー計算書を見てみると、経営の本質がとてもはっきりと
見えてきます。1年の間に本業でいくらお金をつくれたのか、いくら投資に使っ
たのか、借金をいくら返済して、新しくいくら借りたのかなど。豚の貯金箱
で考えるだけで、こんなにも簡単にイメージできます。「お金は足りなくなっ
たら借りよう」という気持ちではなく、キャッシュ・フローをしっかり見る
ことが大事なのです。

項目	金額
Ⅰ　営業活動によるキャッシュ・フロー	
⑴営業収入	150,000,000
⑵原材料又は商品の仕入による支出	△ 70,000,000
⑶人件費支出	△ 50,000,000
⑷その他の営業支出	△ 25,000,000
小計	5,000,000
⑸利息及び配当金の受取額	150,000
⑹利息の支払額	△ 300,000
⑺法人税等の支払額	△ 1,200,000
⑻消費税の支払額（預かり消費税）	600,000
⑼その他の支出額	-
営業活動によるキャッシュ・フロー	4,250,000
Ⅱ　投資活動によるキャッシュ・フロー	
⑴投資有価証券の取得による支出	△ 3,000,000
⑵投資有価証券の売却による収入	4,000,000
⑶固定資産の取得による支出	△ 2,500,000
⑷固定資産の売却による収入	-
⑸その他の支出	△ 1,400,000
⑹その他の収入	200,000
投資活動によるキャッシュ・フロー	△ 2,700,000
Ⅲ　財務活動によるキャッシュ・フロー	
⑴短期借入による収入	8,000,000
⑵短期借入金の返済による支出	△ 7,000,000
⑶長期借入による収入	3,000,000
⑷長期借入金の返済による支出	△ 3,200,000
⑸社債の発行による収入	-
⑹株式の発行による収入	-
⑺配当金の支払額	△ 2,000,000
⑻その他の収入	-
⑼その他の支出	-
財務活動によるキャッシュ・フロー	△ 1,200,000
Ⅳ　現金及び現金同等物に係る換算差額	-
Ⅴ　現金及び現金同等物の増価額	350,000
Ⅵ　現金及び現金同等物の期首残高	20,000,000
Ⅶ　現金及び現金同等物の期末残高	20,350,000

※キャッシュ・フロー計算書は間接法と直接法の2種類があり、間接法では営業キャッシュ・フローへの加算項目として記載しますが、直接法での営業キャッシュ・フローでは記載しない決まりになっています。自社の会計ルールをご確認ください。

Chapter 5 キャッシュ・フロー経営のポイント

① キャッシュ・フローを重視することのメリット

　財務三表のなかでも、日頃あまり見ない方も多いキャッシュ・フロー計算書。しかし、キャッシュ・フローを重視した「キャッシュ・フロー経営」ができるようになると、財務的に健全な経営にぐっと近づきます。

　特に、いつも資金繰りが不安定な企業、仕入や設備投資が多い企業がキャッシュ・フローを重視すると、経営状況がかなり改善されるでしょう。

② キャッシュ・フローをしっかりとつかむ

　キャッシュ・フロー経営による大きな変化は、その期のキャッシュ・フローがしっかりとつかめるようになることです。

　例えば、前期は20億円の売上だった企業が、今期は30億円を売り上げたとします。損益計算書の数字はとてもよい状態でしょう。しかし、キャッシュ・フローを見てみると、今期は来期を見据えて29億円分材料を仕入れており、手元のキャッシュは1億円しかないかもしれません。

　こうした仕入〜製造〜販売〜現金化までのタイムラグを見える化し、より安定的に経営できるのがキャッシュ・フロー経営です。

　まずは自社のキャッシュ・フロー計算書をよく分析して、今の状況をつかんでみてください。

　私自身、ずっと損益計算書（PL）ばかり見ていました。貸借対照表（BS）とキャッシュ・フロー計算書もたまに見ていたのですが、正直面白さを見出せなかったのです。

　しかし、タテタテ、ヨコヨコ。お化けなど抽象化してみるようになり、貸借対照表に目覚め、読み解けるようになると、キャッシュ・フロー計算書もスッと入ってくるようになりました。今ではPLしか見ていなかった自分をヒヤヒヤと思います。PLには投資した金額も、返済した金額も、お化けも載っていません。気がついたらお金を使い過ぎていたということにもなりかねません。PL、BS、キャッシュ・フロー計算書を見られるようになれば安心です。

　決算書は宝の地図なのです。

Column
「レンガの家カフェ」の
落とし穴

　三男子豚の「レンガの家カフェ」は、総資本回転率が最も低かったことに加えて、次年度から融資の返済が始まります。厳しいキャッシュ・フローとなりそうです。

　高級感のあるレンガのカフェは、提供するメニューの素材にもこだわっていて、いつもお客様がたくさん入って賑わっていますが、借入や、支払のことを考えると、利益の取りやすいメニューの開発や、家賃の安い場所への移転などを考えなくてはいけなくなってきそうです。

　ずっと損益計算書しか見ていないと、このじわじわ迫っているピンチに気づけないのです。

会社と
風船会計メソッド

【まとめ】

Chapter 1 風船会計が生まれたきっかけ

1 「モグラ叩きのような現実を変えたかった」

　風船会計が生まれたきっかけはコレです。経営をしていると毎日さまざまなことが目まぐるしく起こります。赤字、人事トラブル、機械の故障、データ分析の難しさ、労務、市場変化、顧客の要望に応える、在庫管理、部署ごとに思いが異なったり、人材育成や業績管理がうまくいかなかったりなど、皆さんも毎日毎日一筋縄ではいかないあらゆる問題に悪戦苦闘していると思います。

　私もそのなかの1人でした。まるでモグラ叩きのように経営課題というモグラが出てきては対処して、また別のモグラが出てきて対処をしての繰り返しで、終わりがありませんでした。「経営ってそんなもの。苦労してこそ」と思いながらも、現実を変えたいと思ったのです。

　「自分や社員のエネルギーや時間をモグラ叩きに費やすのではなく、もっとクリエイティブでワクワクすることに費やせるようにしたい。一気にこの現実を変える方法はないだろうか」

　私はそう強く思い、さまざまな分野を直感のまま勉強しました。脳科学、心理学、密教、空海の教え、量子力学、アート思考、組織開発、唯識、意識、無意識、経営メソッド、記憶術など、解を見つけたくて読んだ書籍は200冊以上にもなると思います。

　とにかく、そのつど自分に降りてきたワードに従って、その分野を探究していきました。そして、世の中にその方法がないなら、自分でつくろうと思いました。

② 私がはまった落とし穴

　まず社員たちに社内の財務状況や会計の知識を理解してもらうために、さまざまな資料作りにいそしみました。しかし資料だけで社内メンバーの意欲をかき立てることは難しいことが分かりました。

　次に試したのは、売上や支出などありとあらゆる数字にKPI（重要業績評価指標）を設け、数字でガチガチに管理することです。これは、経営者なら一度ははまってしまう落とし穴だと思います。

　私もその落とし穴に見事にはまったため、社内はたちまちピリピリとした雰囲気になり、私の周りからは人がサーッと離れていきました。数字にモチベートされるメンバーもゼロではありませんでしたが、長期的な結果を出すには至らなかったのです。今考えると、経営者から事細かに数字で測られるのは怖いし、愛を感じないですね。反省しています。

③ 企業を好転させる力がある「風船会計」

　困りに困った私はさまざまな道を模索。その間に3人目の子どもを出産したため、仕事から少しだけ距離を取りました。

　3人育児と仕事との両立は壮絶で、初めて自分の限界を痛感します。そしてふと思ったのが「私の幸せってなんなんだろう？　私はどういう人間なんだろう？」ということです。

　そして、幸せを突き詰めて、やっと見つけた答え。それが風船会計メソッドです！

　風船会計はただの会計メソッドではなく、企業全体を好転させるような力をもっていると私は確信しています。

　財務状況がよくなくて悩んでいる方に加え、数字による管理で苦労している方、社員たちとの壁に悩んでいる方などもぜひ取り入れていただきたいと思います。

自社の「在り方」を決めて社員たちと共有する

1 まずは自社の「在り方」を決める

「風船会計を社内で実践しよう！」と思ったら、まずは自社の「在り方」を決めることから始めるのがおすすめです。具体的には、以下をイメージします。

- 自社の夢を見える化
- 夢を叶えるための「在り方」を決める
    - どんな豚の貯金箱（貸借対照表）
    - どんな風船と気球（損益計算書）

もしも今「利益を昨年度より10％アップする」という目標を立てていたとして、それは本当に望む自社の姿なのでしょうか。とりあえず立てた目標に、社員たちが共感し行動を促されるでしょうか。

まずは、自社の夢を見える化してみてください。社員たちと夢を話すとみんなワクワクしてきます。そしてその夢を叶えるために「1年間でいくらお金を貯める必要があるのか？」「借入は？」と思考を巡らせます。

そして、あなたが本当に求める風船と豚の貯金箱、そして気球を思い浮かべてみてください。そうやって自社の「在り方」を決めることで、周囲の些末な情報に振り回されず、心の自由や平穏を保ちながら、経営を行えるようになります。

自社の「在り方」が決まったら、それを社員たちと共有します。このときのポイントは、実現したい「在り方」を社員たちの無意識レベルまで落とし込むことです。なぜなら、無意識が現実をつくり出すからです。意識していることを、無意識でできるようになるまで約90日かかると聞いた私は、「社員たちに3カ月間、毎週風船会計を伝えよう！」と決めました。それから1年以上経った今、社員たちも会社の在り方や目標数字、分析などを無意識に言ってくれています。

② 数字で伝えるのはNG！

　数字はナイフのようなもので強いパワーをもっていますが、使い方を誤ると傷つけてしまいます。

　風船会計が優れているのは、数字ではなく「風船と豚の貯金箱」というイラストやイメージで語ることができる点です。イラストやイメージを処理するのは、左脳ではなく右脳です。右脳の情報処理量は左脳の十万倍以上といわれていて、膨大な量の情報を記憶することができます。イラストやイメージによってこの右脳にアプローチし、社員たちの無意識下まで落とし込めば、自社の「在り方」がしっかりと伝わるでしょう。

　同時に、「風船と豚の貯金箱」というある種のストーリー性がある内容にしたことで、より記憶にアプローチすることができるのです。また、数字だと「自分の評価」ととらえてしまい、無意識に「数字＝自分の価値」と結びつけてしまっていますがそれは違います。数字と人の価値は決して結びつきません。風船会計ではいったんこれを風船と豚の貯金箱というメタファーに置き換えることで、数字＝自分の価値という無意識の結びつけを切り離すことができるのです。これは心理的安全性を担保するのにとても有効です。

　風船会計の良さはもう一つあります。それは見ていて楽しいことです。「人々は教えられるよりも、楽しませてもらいたいのだ」とウィリアム・ランドルフ・ハースト（新聞王と呼ばれたアメリカの実業家）が言ったように、人は正しいことでは動かず、楽しいことで動き、楽しいところに集まります。重要なのは正論を振りかざすことではないのです。だから風船会計はイラストを多用してストーリー性ももたせ、明るくユーモラスに勉強できるようにしました！

　また、イラストやイメージによって数字のもつ怖さを払拭し、社員たちに心理的安全性を感じてもらうこともできます。この心理的安全性があれば、多くの社員は自らの力を遺憾なく発揮し、お互いによい影響を与えられるでしょう。会計の知識も正しく、それに重要な指標から学べるように計算しています。

風船会計によって実践的な会計の知識がつくと、日頃の業務に対する視座が上がり、俯瞰力をつけることができます。この俯瞰力があると、点→線→面→立体でとらえることができるため、仏教でいう「第二の矢」を受けにくくなります。

　例えば、社内で大きな損失が出て、社員同士が疑心暗鬼になったとします。この損失自体が「第一の矢」、社員同士が疑心暗鬼になるのが「第二の矢」、つまり間接的なダメージです。私はこの「第二の矢」がお互いのエネルギーを奪い、社内の雰囲気を悪くする原因だと感じています。不幸をつくり出してしまうのは第一の矢ではなく、第二の矢なのです。

　第二の矢は現実ではなく、自分の心がつくり出してしまう自作自演のドラマです。第一の矢（事実）だけに皆がフォーカスすることができればすぐに対処できるし、第二の矢（幻想）が始まりそうになっても自分で「あ、私、今自作自演のドラマ始まったな」と見抜けるようになってきます。

　何か嫌だと思う出来事が起きたら、気球に乗っているかのように上からそれを見下ろしてみてください。そうすると第二の矢に刺されることなく、何をどうすればよいのか、具体策がサクサク出てくると思います。

　風船会計によって楽しく勉強することで、自社の「在り方」が社内メンバーにしっかりと伝わり、俯瞰力を上げて「第二の矢」に苦しまなくなります。こうしたよりよい雰囲気の中で、理想的な「気球」が浮かび上がっていくのです。

点→線→面→立体とは？

① 点でとらえる

・売上　　　　　　　→

目標数字を点としてとらえているだけ

② 線でとらえる

・売上
・経費
・利益

経費や利益を知ることで、点が線となる

③ 面でとらえる

3年前	2年前	1年前
・売上 ・経費 ・利益	・売上 ・経費 ・利益	・売上 ・経費 ・利益

線を3年集めると面になる

④ 立体でとらえる

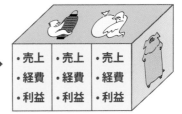

貸借対照表、損益計算書、キャッシュ・フローが分かると立体に見えてきてストーリーが分かってくる

立体で考えられるようになると「1年前は、売上は3億で、経費（重り）は2億、利益（ヘリウムガス）は1億だった。でも投資して機械（豚の下半身）を買ったから、現金はプラスマイナス0だった」のような会話ができるようになります。こうすることで、ストーリーを共有し、みんなの認識をそろえることで、強い組織をつくることができます。

Chapter 3 風船会計はみんなが幸せになるメソッド

① 「ない」に突き動かされると視野が狭くなる

　私は風船会計をつくる過程で、脳科学や行動心理学などさまざまな学問を勉強しました。そのなかで、そもそも人間の生存本能は「ない」ことに意識を向けるようにできていると知りました。食べるものが「ない」から狩猟に走るし、体力が「ない」から眠ろうとするのです。

　人は「ない」に突き動かされていると、視野が狭くなって周囲の景色を楽しめなくなります。まるで目の前にニンジンをぶら下げられて走る馬のように。そしてニンジンを食べてしまうと、また「ない」を原動力に行動するようになります。以前の私はこんな感じでした。そこに幸せがあるかは疑問です。

② チャンスや運はいずれ巡ってくる

　そして面白いことを発見しました。世の中をこの「ない」という失ったパズルのピースばかりを見てしまう現実は、「自分自身をどう見るか？」という起点で始まっています。

　人は見えないメガネをかけているとすると、そのメガネはどのような状態でしょう。失ったピースばかりを見てしまうメガネをかけていると、当然自分自身を見るときに、「自分はまだまだ」「負けないようにやらなきゃ」「自分は価値がないと思われないように結果を出さなきゃ」という思考になってしまいます。

　そして、他人、会社、社会を見るときも一緒で、失ったパズルのピースを見るメガネをかけて見てしまうのです。

しかし、このメガネは指を鳴らす感じで簡単にクリアなメガネに掛け替えることができます。それは失ったパズルのピースを見るメガネをかけているかも？ と自分に問うだけです。クリアになると、さまざまな美しさ、弱さ、強さ、はかなさ、すべてを受容できるメガネになるのです。

そして、このクリアなメガネをかけていれば、チャンスや運がどんどんやってくるようになります。というより、チャンスや運はもともとあるのですが、それに気づけるようになる、といったほうが正しいかもしれません。

③ 自社に「あるもの」に目を向ける

風船会計によって自社の状況が分かったら、ぜひ他社の決算書と比較してみてください。人間の脳は比較しないと分からないそうです。「あの企業と比べたら、うちの会社はここが優れているんだな」と理解できるでしょう。

そうやって自社に「あるもの」に目を向けることは、パズルの失ったピースではなく、今あるピースを大切にすることに似ています。ぜひ自社の今「あるもの」に目を向けてみてください。

私は「あるもの」に意識がいくようになってから、すべてを意識するようになりました。そして、不安が減りました。経営者は常にいろんな不安を抱えています。でも大丈夫。それは見えないことで生まれてくる不安です。風船会計で自社のことをハッキリ見ることができれば、不安は解消されます。不安が減り、安心できたら、次は経営者と従業員のつながりを感じてみてください。みんながそれぞれのポジションでベストを尽くしてくれていることを、改めて感じられるはずです。

風船会計は世界でオンリーワンの会計メソッドです。社内に会計知識の土壌ができることで俯瞰力が上がり、迅速な意思決定も可能になります。そして心理的安全性を保ちながら「在り方」の実現に向かって突き進めるようになるでしょう。

「自分らしくいられる」
調和のとれた組織をつくる

① 経営者も社員たちも「自分でいられる」組織づくり

　風船会計を使うことで分かりにくかった会計知識が若手社員にも定着するようになります。そして、組織という輪郭を立体的なストーリーとして皆で描くことにより、認知を共有することができました。次に私がやりたかったのは人が仮面を被らずにその人のままでいられる組織をつくることです。

　どうすればつくれるのか？　自分自身を振り返ってみると、昔、私はKPIを細かく設定したり、ルールをつくったりした時期がありました。そのときの私は「細かく数値目標があったほうが管理しやすいし、業績も達成しやすいはずだ」と思っていました。

　しかし、今になって当時の私の心の奥底を覗いてみると、「恐れ」があったことが分かりました。

　「経営者としてちゃんとやれているか？」

　「利益は出せるのか？　資金は大丈夫か？」

　「人事問題がまた起こるんじゃないか？」

　私の行動の起点は「恐れ」だったのです。

　誰もが仮面を被らずにいられる組織をつくるには、恐れを克服したり、見ないようにしたりするのではなく、まず自分自身が仮面を取って、怖がっている自分を許して認めることが必要です。

　私は恐れ、不安、悲しみが湧いたときに都度それを感じて、その奥にあるものを感じていくことで、ルールでガチガチにせずに従業員たちの個性も活かせることに気づきました。きっと、自分のなかの陰も陽も受け入れて器が広がったのだと思います。

そして、風船会計で自社のことがよく分かり「不安」が減り、社長や社員たちもみんなで経営を会計ベースで考えられるようになり、「恐れ」が少なくなりました。

　「不安」と「恐れ」がなくなると、社員たちを管理ではなく、個性を伸ばしたいと思うようになりました。

　人は十人十色で皆それぞれに違いがありますが、実は陰陽五行の考えをベースに、ざっくりと5タイプに分けることができます。私はそんな5タイプを「風船戦隊・豚レンジャー」と名付けました。

　5匹の豚レンジャーたちが風船会計を共通用語として働いていけば、みんな同じ宝の地図を見ながら進んでいけるので、豚レンジャーたちはあるがままでいられるのです！

「木」の力をあやつる「グリーンピッグ」

グリーンピッグの特徴

- 新しいアイデアを考えるのが得意
- ビジョンやミッションに共感して動く
- 即断即決！　スピード感がある
- チームの旗振り役
- 視座が高い

　グリーンピッグは、いつも夢や想い、希望に溢れています。「このビジョンに向かって行動しよう！」「新しいサービスはこういう展開にしない？」など、無から有を生むのが得意です。一方で、目標に向かうための具体的な計画を練るのが苦手だったり、熱い想いがなくなってしまうと、急速にやる気を失ってしまったりします。会社組織では、経営層や企画職、新規事業の担当者などに向いているでしょう。会社の方向性を決めて社員たちを牽引していくなら、まずはグリーンピッグのアイデアを参考にするとよいですね。

「火」の力をあやつる「レッドピッグ」

レッドピッグの特徴

- 「人重視」で動く人情派
- チームの一体感をつくるコミュニティリーダー
- 対面でのコミュニケーションが得意
- 些細な変化に気づく観察眼の持ち主
- 明るくて華やか

　レッドピッグは、とにかく「人」に関心があります。経営者やリーダーの想いを汲んでチームに伝播させたり、繊細なコミュニケーションを取ったりするのが得意です。
　人に対して真摯に向き合うあまり、対人ストレスで疲れてしまうことも。会社組織では、広報担当者や社内コミュニティのリーダー、対外組織との連絡役などに向いています。社員たちが円滑なコミュニケーションを取っている裏には、レッドピッグの活躍があるかもしれません。

「土」の力をあやつる「ブラウンピッグ」

ブラウンピッグの特徴

- ビジョンを業務に落とし込む
- ルーティンワークが得意
- マニュアル作り、管理を行う
- おおらかで面倒見がよい
- 人の役に立つのが好き

　ブラウンピッグは、常に現実に目を向けています。ビジョンなどの抽象的なものを業務に落とし込み、現実化するのが得意です。おおらかで面倒見がよいので、社員たちから頼りにされます。一方で、アイデア出しや抽象的なコミュニケーションはあまり得意ではありません。会社組織では、コーポレート部門の担当者やデータ分析の担当者などのポジションで力を発揮します。会社が日々堅実に利益を上げているのは、ブラウンピッグがつくり上げた強固な基盤があるからでしょう。

「金」の力をあやつる「ゴールドピッグ」

ゴールドピッグの特徴

- いつも沈着冷静、頼れるリーダー
- 業務効率やコストパフォーマンスを考える
- リスクマネジメントに長けている
- 正義感が強く、決断力もある
- エネルギーに溢れている

　ゴールドピッグは、いつも沈着冷静で、効率を考えています。社員たちの夢や理想、そして現実から総合的に考え、やるべきことを決断していく現場のリーダーです。ブランドなどの権威に弱く、自分よりも強い人には頭が上がらない一面もあります。
　会社組織では、リスク管理部門や各チームのリーダーとして活躍します。ゴールドピッグは社員たちの頼れる兄貴分。経営者も一目置く存在ではないでしょうか。

「水」の力をあやつる「ブルーピッグ」

ブルーピッグの特徴

- マイペースで、世間の評価を気にしない
- 仕事にこだわりをもつ
- 個性を認める
- 褒められるのが好き
- 仕組みで解決しようとする

　ブルーピッグは、自分や人の個性を大切にします。世間や他人の評価にとらわれず「自分はこう思う」と言いながら、自分の仕事にこだわりをもって働きます。クールで感情をあまり表に出さないため「何を考えているのか分からない……」と思われることも。

　会社組織では、既存事業を改善するチームや、成功事例を横展開するようなチームで、その個性を発揮します。ブルーピッグの柔軟な発想や行動をどう活かすかが、経営者の腕の見せどころかもしれません。

② 「豚レンジャー」は、あなたのなかにも存在する

　5タイプの豚レンジャーについて紹介しましたが、実はこの豚レンジャーの要素は、誰もが全部もっていると考えています。

　例えば、いつも目標を掲げて社員とともに邁進するあなたは、グリーンピッグだと思います。しかし時には「いや待てよ、業務効率を考えると今は我慢するときだ」など、沈着冷静なゴールドピッグの一面が顔を覗かせるかもしれません。そして「周囲を気にせずマイペースに働いてみよう」と、ブルーピッグになるときもあるでしょう。

　つまりあなた自身は、豚レンジャーの全員で成り立っています。ただその性格や状況などから、特定の豚レンジャーに変身しているだけです。だからどの豚レンジャーもなくてはならない存在。それぞれの力をぜひ大切にしてあげてください。

「豚レンジャー」の個性が集結したら、会社はもっと強くなる！

❶ 豚レンジャーのコンビネーションプレーを活かそう

　先ほど「あなたのなかに豚レンジャーが全員いる」という話をしましたが、これは会社組織でも同じことがいえます。会社は豚レンジャー全員の活躍があって成り立っているはずです。

　もし全員がグリーンピッグだったら、夢や目標を語るばかりで業務が進まないし、全員がブラウンピッグだったら、目の前のルーティンワークしかできなくなってしまいます。

　そのため、まずは社員たちはどのタイプかを考えて、その特徴を活かすことを考えてみましょう。そして豚レンジャーは、さまざまなコンビネーションプレーができます！　ここでは5つの例を紹介しますので、ぜひ業務で活かしてみてください。

2 グリーンピッグのビジョンは、ブラウンピッグが現実化！

　グリーンピッグは夢や想いを描いて、会社を牽引していくのが得意です。しかしそのためのToDoを考えることは苦手で、「その目標をどうやって達成するつもり？」などと言われがちです。

　そんなときに力を借りたいのが、現実化が得意なブラウンピッグ。グリーンピッグの夢や目標を現実にするための業務計画を策定し、日々の業務として進められるようにしてくれます。
　想いやビジョンが何かと先走りがちな人は、現実主義なメンバーの意見を聞くとよいですね。

③ マニュアルでがんじがらめになってしまったら、ゴールドピッグの出番！

　期首に立てた計画を基に日々の業務をきっちり推進していくと、その業務やマニュアルでがんじがらめになってしまう感覚があると思います。そうなると社員たちのモチベーションは下がり「私たち、なんでこの仕事をしているんでしょう」という不満が出ることも……。

　そこで登場するのがゴールドピッグです。ゴールドピッグは業務効率化やリスクマネジメントが得意。マニュアル化された仕事に対して「これは不必要な工程だから省こう」「それは今やるべきではないよね」などと、次々と決断を下してくれます。
　会社全体が重苦しい雰囲気になったら、判断力や決断力のあるメンバーに大なたを振るってもらいましょう。

④ 社内の空気がよそよそしい？
そんなときはレッドピッグにお任せあれ！

　業務をどんどん効率化していくと、社内の雰囲気がドライになり、よそよそしい空気になることがあります。業務の進行は問題ないし、社員もきっちりと働いているけれど、どこか活気がありません。

　そんなときは、レッドピッグの出番です！　会社を牽引するメンバーの熱い想いを汲み取り、社内メンバーへと伝達。同時に、社内メンバーのちょっとした変化や不満に反応し、社内の不和を解消してくれます。
　レッドピッグを頼って社内メンバーのモチベーション低下を解消し、社内が一丸となる空気をつくるとよいでしょう。

⑤ 社内の「既成概念」に困ったら、ブルーピッグの視点を取り入れよう

　社内はとても良い雰囲気で、これまで販売していた商品の売れ行きも悪くない。でもこのままだと、これからの時代に対応していけないかもしれないかも……。

　今後の展開を見据えて、今までの基盤をあえて打ち壊したいときは、ブルーピッグの意見を聞いてみましょう。ブルーピッグは自分から積極的に発言しませんが、実は既成概念にとらわれない柔軟なアイデアをもっています。
　そんなブルーピッグの発想や既存業務の改善案などを活かして、会社を再構築していけば、これからの時代にも即した会社へと生まれ変われるかもしれないですよ。

⑥ 会社の基盤が整ったら、グリーンピッグがさらに会社を成長させる

　多様な視点を活かして会社組織の基盤が整ったと感じたら、次は会社を一回り大きく成長させるときです。

　そこで必要不可欠なのが、グリーンピッグの夢やビジョンを育てる力。今の会社の基盤を活かして、さらにどこまで成長させたいのか、会社としてどんなビジョンを成し遂げたいのか、改めて考えてみましょう。
　グリーンピッグの描いたビジョンや目標が会社全体をまとめ上げ、全員をさらなる高みへ連れて行ってくれるはずです。

豚レンジャー全員の「スター」が、
会社を一回りも二回りも成長させる

　自分のなかに5タイプの豚レンジャーがいるように、会社にもさまざまな豚レンジャーがいて、それぞれが違った個性をもっています。私はこの個性の違いやデコボコが、愛しくてたまりません。

　会社経営は決して個人競技ではないので、1人でできることには限りがあります。何かを成し遂げることは難しいでしょう。
　しかし、この豚レンジャー1人が2人になれば、その力が2〜10人増え、3人だと10〜20、4人だと100以上というように、どんどん増えていく気がします。そして5人の豚レンジャーがそろえば、1000の力を得ることだってできるかもしれないのです。

　「私はこの豚レンジャーたちの力を、それぞれの色に輝く「スター」だと捉えています。
　まずは自分のなかの豚レンジャー、そして社内の豚レンジャーを探してみましょう。そしてその「スター」（資産）を活かすようにすれば、きっと今抱えている課題の多くは解決するはずです。

　私は会社という場所がとても大好きです。その理由は一人ひとりのなかにキラッと光る「スター」が垣間見えるし、またその「スター」が調和して輝きが解き放たれているのを見ると心が震えるほどうれしいからです。そして、企業はその「スター」がたくさんなっている木のようだと思っています。その会社だけがもっているキラッキラの「スター」がたくさんあります。それは貸借対照表には載らない「目に見えない資産」です。そして、この「目に見えない資産」こそ企業にとってなによりも大切でお金では買えない尊いものです。
　ぜひ、風船会計を使ってまずはみんなの認知を共有し、次のステップで「スター」が調和したキラキラの木をつくり、みんなで眺めてください。

Column
3匹の子豚が
行き詰まったときの対処法

3匹の子豚のそれぞれの苦悩

　両親の企業が倒産してから早2年。3匹の子豚はたくましく成長し、それぞれのカフェ経営を軌道に乗せていました。それぞれ法人化して数人ずつ社員を雇い、メンバーとともに働く苦労と喜びを実感しています。

　ある日、3匹でランチミーティングを行っているとき、三男子豚が珍しく落ち込んだ顔で言いました。
　「昨日、社員のオオカミから『あなたは組織の経営が分かっていない。私たちではなくお金や数字ばかり見ているから、もうついていけない』って言われちゃったんだ……」
　そのオオカミは会社のNo.2だったようで、信頼していたメンバーから言われた言葉に、ショックを隠しきれなかったそうです。すると、長男子豚が言いました。

「わらの家カフェ」に襲いかかった災難

　「その言葉、僕も半年前に言われたよ。当時は利益を上げるのに必死でKPIばかり追っていて、営業メンバーに苦労をかけたんだ」
　数字によるプレッシャーをかけられたメンバーは退職してしまったそうです。吹けば飛ぶような「わらの家カフェ」には、強烈な出来事でした。
　「だからもう一度勉強して、社内にもいろいろとシェアしたんだ。そうしたら、だんだんメンバーが経営状況を理解するようになって、同じビジョン

に向かって頑張れるようになったんだよ」

🏠 三男子豚を救う「風船会計」の本

　お人好しの長男子豚にもそんな苦労があったのか……と驚きを隠せない三
男子豚。
　すると、次男子豚からもこんな話が飛び出しました。
　「僕もこの前、経理部のメンバーに『その設備投資の裏で財務状況が悪化
していること、分かっていますか？』と怒られてさ。良いコーヒー豆を仕入
れて、ハイレベルな業務用機械を使えばいいってわけじゃないことにやっと
気づいたよ」
　これまでコーヒー豆やコーヒーマシンに強いこだわりをもっていた次男子
豚ですが、その考えを改めたようです。

　三男子豚は、ついボヤいてしまいます。
　「経営者は売上などの数字を追っているだけではだめだし、かといって財
務状況を軽く見ているのもだめなんだね。だったらどうすればいいんだ！」
　そんな三男子豚に、長男子豚と次男子豚があるものを差し出しました。
　「だったら、だまされたと思ってこれを読むといいよ」
　本当にこれで今の悩みが解決するんだろうか？　そう疑いながら、三男子
豚は「風船会計」の本をパラパラとめくり始めました。

おわりに

　昔、知り合いの経営者が自ら命を絶ちました。当時、私はまだ経営をしていなかったのですが、経営者が経営をしていくなかで覚える「孤独」と「不安や恐れ」を知りました。

　「社員たちとつながれない。経営者と社員は立場が違うから仕方がない」と世間ではよくいわれていますが、私はそんな常識を壊したい！　と思いました。

　また、決算書は社長の通信簿といわれたりしますが、本当にそうでしょうか？　「通信簿」なんて言われたら怖くて見たくなくなるし、決算書分析をやればやるほど"自分のできていないところ"を突き付けられているようで苦しくなります。昔、私も会計セミナーに出ると自分のできていないところが浮き彫りになり、「会計以外でやらなきゃならないことが山積みなのに、あとどれだけ頑張ればいいの……？」と落ち込みました。決算書＝通信簿のイメージを変えたかったのです。

　風船会計メソッドを用いることで経営者と社員はつながることができ、決算書は通信簿ではなく宝の地図に変換することができました。

私の願いは世界中に風船会計を広めることです。恐れにドライブされなくなると経営者はありのままでいられます。すると社員たちにもありのままでいてほしいと願うようになります。自分でいられることによって本来の力を発揮できワクワクしてきます。この「ワクワク」は進んでいる道が合っているかどうか「コンパス」のような役割をしてくれるのです。

　この宝の地図とコンパスを使って皆さんがより輝きますように。

　私が風船会計メソッドを編み出し、本書を執筆するきっかけとなった合同会社CCC代表の由佐美加子さんからは、こんな言葉をもらっています。

　小学校3年生のときに二桁の掛け算のテストで人生初の0点を取ってから、数字がとにかく苦手。社会人になって資格を取れと渡された簿記の教科書も、開くだけでウンザリ。そんな数字嫌いな私が、めぐちゃんこと著者の松本めぐみさんから風船会計メソッドを教わったとき、秒で魅了され、そして「ああ、これは経営の民主化だ」

と深い感動を覚えました。

　一部の人間しか手に入れられなかったものを、誰にでも使えるようにするというイノベーションは、常に社会の進化を牽引しています。この風船会計も、会計や経営を学んだ一部の人にしか理解できない左脳的な言語と仕組みを、イメージやストーリーで感覚的にとらえられるようにすることで、誰もが共通のレンズで現実を見ることができるという女性ならではの感性から生まれたすばらしい発明だと思います。

　現実が思うようにいかないとき、私たちはすぐ外側に原因を究明し、自分以外の何かのせいにしたくなりますが、自覚的であれ無自覚であれ、体験している誰もがその現実の生成に何かしら関わっていることは否定できません。

　この「現実とは関わる者すべての共同創造の産物である」という理に立てば、組織の現実は自分たちが能動的に創り出せるものだ、ととらえることもできます。ただし、それには関わる人々がその共創造のプロセスに意識的に参画できる仕組みが必要です。具体

的には共通のレンズを通して現実を共有化したうえで個々の認識を分かち合い、アイデアや知恵を出し合って集合知を創り出していくことです。

　風船会計はこの共創プロセスを組織のなかで実現するツールとして、トップダウン型のヒエラルキーの組織から、フラットな共創型組織への転換を促す触媒になるものだと思います。

　「早くいくなら1人で行け、遠くに行くならみんなで行け」ということわざがありますが、まさに企業経営はこれを体現していく時代になっていくのではないでしょうか。

　最後にいつも私を支えてくれている夫、家族、従業員、友人、私を導いてくださった矢野先生、中野先生、由佐美加子様、平井友香子様に、心から感謝の意を表します。

Make happiness!　Change the world!

松本めぐみ

Profile

松本めぐみ（まつもと・めぐみ）

1983年生まれ。2005年に北九州工業高等専門学校を卒業し、ラムリサーチ株式会社（旧ノベラスシステムズジャパン）へ入社。2009年に同社を退職、2010年にスイスのIMI International Management Institute Switzerlandへ留学しMBAを取得した。2011年に帰国しマンダリン・オリエンタル東京に入社、2012年に同社を退職し結婚。3年間の専業主婦生活のなかで簿記2級を取得した。2015年に松本興産へ入社、取締役（総務・経理管掌）就任。

いかにも製造業・男社会だった同社を女性ならではの力で柔らかく改革し、2022年にはForbes JAPAN WOMEN AWARD、日本中小企業大賞 働き方改革賞 優秀賞を受賞。2023年には埼玉グローバル賞を受賞し、埼玉県親善大使に拝命される。また、同年に自身で考案した「風船会計メソッド」特許取得、情報経営イノベーション専門職大学の客員教授拝命。現在までの参加者は300人以上に上り、「全く決算書を見たことがない高校生や数字アレルギーの経営者にもたった2時間で理解できる」と話題に。定員50人の枠が1日足らずで満席、新規の参加は3カ月待ちになるなど、注目を集めている。

カバーイラスト	スタジオペケペケ
本文イラスト	スタジオペケペケ、ササキシンヤ
編集協力	スタジオダンク、金指 歩
装丁・本文デザイン	徳本育民

本書についての
ご意見・ご感想はコチラ

知識ゼロでも分かる
風船会計メソッド

2023年5月19日　第1刷発行

著　者　　松本めぐみ
発行人　　久保田貴幸
発行元　　株式会社 幻冬舎メディアコンサルティング
　　　　　〒151-0051　東京都渋谷区千駄ヶ谷4-9-7
　　　　　電話　03-5411-6440（編集）

発売元　　株式会社 幻冬舎
　　　　　〒151-0051　東京都渋谷区千駄ヶ谷4-9-7
　　　　　電話　03-5411-6222（営業）

印刷・製本　瞬報社写真印刷株式会社

検印廃止